Don Gossett

DIE ANGST BESIEGEN

Don Gossett

DIE ANGST BESIEGEN

Leuchter-Verlag eG · Erzhausen

Titel der Originalausgabe: HOW TO CONQUER FEAR
Übersetzung: Karl Schanz
Umschlaggestaltung: Frank Decker, Langen

1. Auflage April 1986

ISBN 3-87482-123-4

Gesamtherstellung:
Schönbach-Druck GmbH, Erzhausen bei Darmstadt

Inhalt

Einleitung

Angst darf sich nicht in meinem Herzen breitmachen

Der ehemalige Präsident der Vereinigten Staaten von Amerika, Herbert Hoover, machte, nachdem er von einer Weltreise zurückgekommen war, folgende Bemerkung: „Überall in der Welt findet man Angst, und das praktisch in allen Bereichen — ob Handel oder Industrie, bei Landwirten, Arbeitern, Philosophen oder Regierungsbeamten." Die Feststellung dieses hochgeschätzten Mannes entspricht durchaus den Tatsachen: Angst ist tatsächlich ein Weltphänomen.

Wenn ich an die große Zahl derer denke, die durch irgendeine Furcht bedrängt werden, fühle ich die Verantwortung als Diener Gottes, hier Hilfe sichtbar zu machen und den Weg zu zeigen, wie man frei von Angst leben kann. Was ist eigentlich Angst? Man hat sie als Erwartung oder Vorahnung des Bösen definiert.

Nun, in bestimmten Grenzen ist die Angst eine gute Sache. Wir können unser natürliches und auch unser geistliches Leben nicht ohne sie führen. Ein Kind würde sich schwer verbrennen, wenn es nicht Angst vor dem Feuer hätte. Ein Fußgänger würde überfahren und dabei vielleicht sogar getötet, wenn er keine angemessene Furcht vor den Autos hätte.

Ein Mensch kann kein echter Christ sein, wenn er Gott nicht fürchtet: *„Die Furcht des Herrn ist der Anfang der Erkenntnis"* (Sprüche 1,7). Und es ist absolut richtig, Sünde und Gefahren zu fürchten.

Aber es gibt eine andere Angst, die sehr ungesund ist. Es ist die Furcht, *„die Pein hat"* (1. Johannes 4,18). Eine Angst, die an uns zehrt, die uns bedrängt und in Spannung hält, die uns die innere Ruhe raubt und unser Gemütsleben schädigt. Wenn sich diese Angst voll ausbreitet, sind Niedergeschlagenheit, Gebundenheit, Trübsal und viele andere Nöte die Folge.

Wir sprechen hier also nicht von einer momentanen Angst, die uns natürlicherweise befällt, wenn wir plötzlich und überraschend einer Bedrohung gegenüberstehen, und die dann nach einer Zeit der Bestürzung wieder weicht, sondern von einer Angst, die nicht weichen will, wo die Angsthaltung zu einem Dauerzustand wird.

Solche Angst führt nicht nur zu Schwermut, Gemütsdruck und Minderwertigkeitsgefühlen, sondern auch zu Nervenzusammenbrüchen, Schlaflosigkeit, Bedrückung im Gebetsleben und zu einer Barriere beim Zeugnisgeben. Angst kann sogar zu dem Drang führen, sich selbst umzubringen.

Satan möchte natürlich, daß du dem diabolischen Quälgeist der Furcht unterliegst, denn damit kann er dich bedrücken, dir die Freude rauben und dich für den Dienst im Reiche Gottes unbrauchbar machen. Len Jones hat wirklich eine treffende Bemerkung gemacht, als er sagte: „Furcht ist des Teufels zweiter Name!"

Viele Leute erkennen die Angst nicht, wenn sie sich als In-acht-nahme oder als Vorsicht ausgibt. Diese Tarnung sollten wir aber durchschauen und erkennen, daß dies unter Umständen verkleidete Angst ist, denn Satan nutzt jeden hinterlistigen Trick, um die Dinge Gottes zu hindern.

Ich glaube, daß die Angst das größte geistliche Hindernis ist, das die Menschen davon abhält, sich ganz Gott hinzugeben und sich eines reichen, überfließenden Lebens in Christus zu erfreuen. Deshalb sollten wir nicht zulassen, daß die Angst uns beherrscht. Wir müssen ihr mit des Herrn Hilfe widerstehen und sie überwinden: *„Widerstehet dem Teufel, so flieht er von euch"* (Jakobus 4,7).

Laßt uns dieses Ziel ins Auge fassen: Furcht soll nicht in unserem Herzen wohnen!

Anerkennung

Ich möchte David Wilkerson für die Erlaubnis danken, in diesem Buch Abschnitte aus seinen Büchern zitieren zu dürfen.

Don Gossett

1. Kapitel

Ständige Angst

Als ich zu einer Evangelisation in Saskatoon eintraf, hieß mich ein Beamter der Stadt willkommen. Zwei Tage später sah ich ihn zu meiner Überraschung unter denen, die bei meinem Aufruf nach vorn kamen. Da er mir vorher gesagt hatte, er sei Christ, war ich sehr erstaunt und fragte ihn: „Warum sind Sie nach vorn gekommen? Was ist mit Ihnen?"

„Bruder Gossett, Sie sprachen über ein Leben in Angst", antwortete er, „und das trifft auf mich zu. In meinem ganzen Leben als Christ und in meinem Zeugnis für Jesus habe ich es mit der Angst zu tun. Ständig ergreift sie mich, sie sitzt mir buchstäblich im Nacken!"

Ich staunte diesen „Kleiderschrank" von gut zwei Metern an. Seine Statur war sehr beeindruckend, und man konnte sich kaum vorstellen, daß ein solcher Mann es mit der Angst zu tun haben könnte. Aber es war so.

Viele Christen müssen ähnliche Eingeständnisse machen. Dabei ist es wirklich schade, daß ein Christ in Angst lebt, denn Gott hat alle Vorkehrungen und Vorsorgen getroffen, damit wir nicht in Angstzuständen leben müssen. Nach meiner Beobachtung ist die Angst eines der größten Hindernisse, um von Gott gebraucht zu werden.

Wie ist Angst zu beurteilen?

Du darfst weder deine Lage unterbewerten, noch deine eigenen Möglichkeiten überschätzen. In erster Linie kommt es auf den Herrn an. Er kann über viel und wenig helfen.

Wenn sich Angst in uns breitmachen kann, liegt dies am Mangel an Vertrauen in Christus und die Bibel. Es ist im Grunde Mißtrauen gegenüber Gottes Führung, Wohlwollen und Treue. Solange jemand in dieser Weise bedrängt ist, kann er nicht triumphierend verkündigen: *„Ich vermag alles durch den, der mich mächtig macht"* (Philipper 4,13), noch wird er ausrufen können: *„Aber in dem allem überwinde ich weit durch den, der mich geliebt hat"* (Römer 8,37).

Es ist ein Geist der Furcht, der nicht von Gott stammt (2. Timotheus 1,7). Es ist Menschenfurcht, die zu Fall bringt (Sprüche 29,25). Und diese Furcht hat Pein (1. Johannes 4,18). Die Furcht ist ein Mangel an Mut, der Tausende dazu gebracht hat, ein Leben in Schwachheit, Niederlage und Zurückgezogenheit zu führen — weit unter den reichlich vorhandenen Privilegien als Christ.

Viele sind von Angst befallen

In der Bibel lesen wir nicht nur von großen Glaubenshelden, sondern sie berichtet uns auch oft von solchen Menschen, die Gott mißfielen und aufgrund von Angst und Feigheit nicht für Gott gebräuchlich waren.

Gott hatte den Israeliten das Land Kanaan zugesprochen, sie sollten es in Besitz nehmen. In 4. Mose 13 und 14 lesen wir, wie Mose zwölf

Kundschafter aussandte, die das Land erforschen sollten. Zwölf Männer gingen Seite an Seite, sahen das gleiche Land und wurden Zeuge der gleichen Beschaffenheit. Aber zehn von ihnen hatten Angst und waren feige. Trotz der Verheißung Gottes kamen sie zu der Überlegung, daß es für sie unmöglich wäre, das Land einzunehmen. Zwei Eigenschaftswörter werden von solchen von Angst befallenen Leuten immer wieder gebraucht: „unmöglich" und „hoffnungslos". Aber diese Worte müssen wir aus unserem Wortschatz streichen, wenn wir im Glauben triumphieren wollen.

Josua und Kaleb dagegen zerrissen ihre Kleider und forderten das Volk auf, sich nicht zu fürchten. Zehn der Männer entschieden sich für Mißlingen und Niederlage, und nur zwei für Gelingen und Sieg.

Das Verhältnis mag vielleicht heute ähnlich sein, sogar unter Christen. Die Mehrzahl findet sich damit ab, in Angst, Versagen und Bedrängnis zu leben, statt ein Leben frei von Angst und in der Gewißheit „Gott ist mit mir" zu führen.

Du kannst überwinden, wenn du im Namen des Herrn vorwärts gehst. Aber die Angst muß beseitigt werden, wenn du eine kühne Eroberung machen willst. Gott befiehlt uns: *„Und euch in keinem Stück erschrecken laßt von den Widersachern"* (Philipper 1,28).

Ein Siegesleben im kühnen Glauben nach der Bibel ist dir möglich. Mit den Worten aus Esra 10,4 fordere ich deshalb auf: *„So steh nun auf! Denn dir gebührt's zu handeln... sei getrost und tu es!"* Du brauchst nicht der Angst nachzugeben, sondern darfst nach Gottes Wort handeln.

Der Lohn der Angst

Viele der Menschen, die von Furcht erfüllt sind, sind selbst-zentriert. Sie denken an sich statt an Christus.

Ein Mann, der von starken Angstzuständen geplagt war, kam zu einer unserer Versammlungen. Ich bat ihn, ein einfaches Zeugnis seiner Liebe zu Jesus und seines Glaubens an den Heiland zu geben. Als der Mann aufstand und sprach, brachte er nichts anderes heraus als stockende Entschuldigungen. Er begann etwa mit folgendem Satz: „Ich bin kein guter öffentlicher Redner. Es fällt mit sehr schwer, so vor euch zu stehen. Ich kann mich einfach vor Leuten nicht ausdrücken." In diesem Stil fuhr er fort. Schließlich setzte er sich erschöpft wieder hin, als ob er eben eine Niederlage eingesteckt hätte. Sein ganzes „Zeugnis" bestand aus vielen „Ich kann das nicht". Er war ganz auf sich selbst konzentriert. „Ich, mich, mir, mein" sind vier Worte, die wir oft bei denen hören können, die mit Angst zu tun haben.

Aber wenn die Liebe uns drängt, wird die Furcht besiegt. Warum? Die Liebe geht von Geborgenheit aus. Sie konzentriert sich nicht auf sich selbst und auf die Furcht, was andere von mir denken, sondern auf Gott und dann auch auf den Nächsten.

Furcht ist nicht von Gott

Hast du diese schlechte, gefährliche Gabe Satans angenommen? Satan, nicht Gott, ist der Geber der Furcht. Die Bibel sagt: *„Alle gute Gabe und alle vollkommene Gabe kommt von oben herab, von dem Vater des Lichts, bei dem* *keine Veränderung ist noch Wechsel des Lichts und der Finsternis"* (Jakobus 1,17).

Gott gibt dir gute Gaben, die dir nicht schaden. Jeder, der Furcht besitzt, weiß, daß sie keineswegs eine gute Gabe ist. Wenn du ängstlich und feige bist, hast du es mit Gaben Satans zu tun. *„Denn Gott hat uns nicht den Geist der Furcht gegeben, sondern der Kraft und der Liebe und der Besonnenheit."*

Gott gibt dir Kraft, Liebe und Besonnenheit, Satan jedoch Schwachheit, Angst und Unmut. Nimm die Gaben Satans nicht an, sondern weise sie ab. Sage dem Teufel: „Satan, im Namen Jesu befehle ich dir, mit diesem Geist der Furcht aus meinem Leben zu verschwinden!"

Es ist nicht Gottes Wille, daß du ein Leben der Angst führst. Der Teufel ist der Urheber der Furcht. Immer, wenn du dich fürchtest, versucht der Teufel, Raum zu gewinnen. Die Bibel fordert uns aber auf: *„Und gebt nicht Raum dem Teufel"* (Epheser 4,27). Der Teufel ist ein Lügner, Betrüger und Feigling. Verhalte dich ihm gegenüber mutig und furchtlos im Namen Jesu.

Die Zeichen der Angst

Wenn dich Furcht beherrscht, hat das bestimmte Auswirkungen. Sie können zu einem schmerzhaften Ergebnis in deinem Leben führen.

Leute, die von Angst befallen sind, sind oft unentschlossen, zaudern und zögern und kommen nie zu einer klaren Entscheidung. Sie versuchen zuweilen, ihre Unentschiedenheit zu vergeistlichen, bis die Möglichkeit des Erfolges zerstört ist. Diejenigen, die unentschlossen und schwankend sind, erlauben es meistens anderen, für sie zu denken und die Hauptentscheidungen des Lebens zu treffen. Mutige Entschlüsse gehören aber zum Christen, der durch Christus weit überwindet. Warum? Weil er Christus vertraut, der uns von Gott zur Weisheit gemacht ist (1. Korinther 1,30).

Ein anderes Merkmal bei Personen, die Angst haben, ist Übervorsicht. Sie ist ebenfalls eine schlechte Haltung. Mutig im Herrn zu leben bedeutet, in allen deinen Wegen Seiner zu gedenken und nachzufolgen. Er ist das Licht auf dem Wege. Das läßt sich nicht mit Übervorsicht, Ungewißheit und Zweifeln vereinbaren.

Von Angst bedrängte Menschen sehen in allem die Möglichkeit des Versagens. Ihr Verstand ist ihr ärgster Feind, denn er ist von Furcht gequält – von Furcht, die vom Teufel stammt. Erinnere dich der Hilfe Gottes, und vergiß dein Versagen. Richte deine Blicke auf Ihn.

Wie oft habe ich auch mit Menschen zu tun, die voll Angst sind und ein siegreiches Leben erst in einer unbestimmten Zukunft für möglich halten. Ich habe in der Seelsorge mit Leuten gesprochen, die immer darauf warten, daß sich in der Zukunft bei ihnen etwas ereignet, das sie auf wunderbare Weise für den Dienst zubereitet, befähigt und mutig macht.

Du brauchst nicht auf morgen oder auf nächstes Jahr oder auf eine unbestimmte Zukunft zu warten und damit der jetzt von Gott gegebenen Verantwortung ausweichen. Du darfst heute den guten Kampf des Glaubens kämpfen. Höre bitte: Schwierigkeiten begegnen uns allen, aber der Überwinder lernt, sie als Trittbrett zum Vorwärtskommen zu benutzen und ist siegreich in Jesus.

Leiste Widerstand

Als wir vor einigen Jahren in Kanada einen Evangelisationsfeldzug abhielten, der im Freien durchgeführt wurde, gab es schon am ersten Tag solchen Lärm und solche Störungen, daß man fest davon ausgehen konnte, daß dieser Feldzug ein Fehlschlag werden würde. Gott hatte uns jedoch für solch ein Gefecht im Bereich des Geistes zugerüstet. Wir widerstanden Satan und gaben nicht klein bei.

Seichte, sentimentale Christen hätten vielleicht frömmlich-andächtig Römer 8,28 zitiert, sich in ihr „Schicksal" ergeben und sich mit dem Scheitern der Evangelisation abgefunden. Doch mutige Christen agieren nicht so, denn Gott will uns nicht so haben. Wir widerstanden. Wir kamen vor Gott in inständigem Gebet. Wir baten auch viele andere um Gebetsunterstützung.

Preis dem Herrn! Als wir die Freiversammlungen trotzdem fortsetzten, verschwanden schließlich alle Unruhestifter und Störenfriede. Gott gab uns Sieg!

In jeder Situation, wo Mißerfolg und Versagen die Oberhand zu gewinnen scheinen, ist es Zeit, daß wir uns dagegen auflehnen und uns im Namen des Herrn Satan entgegenstellen, der gekommen ist, Hindernisse aufzubauen und Zerstörung zu wirken.

Einige Fragen

Um diesen Geist der Angst zu besiegen, ist es wichtig, daß wir uns einigen Fragen ehrlich stellen:

Schließe ich mich hauptsächlich Leuten an, die ängstlich und feige sind?

Sind einige meiner sogenannten Freunde in Wirklichkeit meine Feinde, weil sie ständig mit Befürchtungen kommen und völlig negativ eingestellt sind?

Wenn es wahr ist, daß sich gleich und gleich gern gesellt: Ist dies der Grund, warum ich mich zu mit Ängsten beladenen Menschen hingezogen fühle?

Helfe ich Menschen, die in Sorge, Kummer und Angst sind, indem ich ihnen mutig die Antworten der Bibel gebe, oder erlaube ich, daß mich ihr Kummer niederdrückt?

Lebe ich in der Praxis täglich mein Recht als Christ aus, frei von Angst leben zu dürfen?

Trachte ich danach, den Menschen zu einer höheren Ebene ihres Lebens zu verhelfen oder setze ich meine Normen nach ihrem niedrigen Standard?

Bin ich bei meinen Freunden als mutiger Christ bekannt, der seine Autorität in Christus in Anspruch nimmt und danach handelt?

Bin ich darauf vorbereitet, wenn ich mit einer negativ eingestellten Person zusammentreffe, die besserwisserisch an allem herummäkelt?

Betrachte ich mich selbst als schwacher Christ?

Schwebe ich oft in den Wolken geistlicher Überschwenglichkeit, um danach immer wieder in tiefe Täler der Depression und Bedrückung zu fallen?

Bin ich eifersüchtig auf diejenigen, die mich im Leben übertreffen?

Bin ich ein Mensch, der sich selbst bemitleidet und auch Anteilnahme bei anderen finden möchte?

Bin ich eine Person, die Fehler bei anderen sucht?

Bin ich spöttisch-sarkastisch in meiner Beziehung zu anderen?

Egal, wie du nun diese Fragen beantwortet hast, du kannst von Angst befreit werden — und zwar heute!

2. Kapitel

Menschenfurcht

Die Furcht, die vielleicht die Christen am meisten irritiert und belästigt, ist die Furcht vor Menschen. Wie war auch ich am Anfang meines Lebens als Christ daran gebunden! Nach meiner Bekehrung war ich von großer Furcht geplagt, als ich zu Hause, bei meinen Schulfreunden und bei der Arbeit mein Christsein bezeugen sollte.

Die Angst, für Jesus einzustehen, war wirklich groß, und ich hatte echte Schwierigkeiten. Am härtesten hatte ich bei der Arbeit zu kämpfen, wo ich von einer Gruppe gottloser Menschen umgeben war, die schmutzige Reden führten und ständig fluchten. Trotzdem wollte ich Jesus bekennen und sagte zum Herrn: „Ich schäme mich Deiner und Deines Evangeliums nicht!" Ich lernte Römer 1,16 auswendig: *„Denn ich schäme mich des Evangeliums nicht; denn es ist eine Kraft Gottes, die selig macht alle, die daran glauben."*

Dann ging ich zur Arbeit. In der Vesperpause war ich entschlossen, mein Haupt zu neigen und Gott für das Essen zu danken, das ich nun verzehren würde. Aber das war leichter gesagt als getan. Während die anderen Arbeitskollegen ihre Brote auspackten und zu essen begannen, saß ich nur da und schaute herum, ob mich jemand beobachten würde. Natürlich, jemand schien immer zu schauen. Während der ersten Woche war es wirklich ein Kampf! Ich hob die Hände vor die Augen, bedeckte damit mein Gesicht, neigte den Kopf und flüsterte: „Danke, Herr, für das Essen!" So, wie ich meine Hände vor die Augen hielt, dachten die anderen vielleicht, daß ich irgendeine Augenkrankheit hätte.

Nun, Preis dem Herrn, ich blieb dabei und bekräftigte erneut vor dem Herrn, daß ich mich nicht schämen würde, bis ich schließlich dahin kam, meinen Kopf zuversichtlich und mutig zu neigen und zu sagen: „Danke, Herr, für das Essen. In Jesu Namen. Amen." Halleluja! Gott ließ mir wirklich Mut zukommen.

Der Herr wird nicht durch jemand verherrlicht, der sich Seiner schämt und der Menschenfurcht nachgibt. Unser Leben ist so kurz: „Nur ein Leben, bald ist es dahin; nur was für Jesus getan, das bringt Gewinn!" Es ist schade und eine traurige Tatsache, daß so viele in Menschenfurcht leben — mit allen sich daraus ergebenden Konsequenzen —, wo Gott uns doch einen Weg bereitet hat, wie wir auf allen Lebensgebieten frei von Furcht sein können.

Mich von Gott gebrauchen zu lassen, war in meinem zwanzigjährigen Dienst nicht immer leicht, aber durch die Gnade Gottes lernte ich es, die Menschenfurcht zu überwinden. *„Menschenfurcht bringt zu Fall; wer sich aber auf den Herrn verläßt, wird beschützt"* (Sprüche 29,25).

Bist du in dieser Angst verfangen und in deiner Wirksamkeit als Christ behindert? Erlaubst du der Menschenfurcht, daß sie deine Lippen verschließt, wenn du von Jesus reden solltest? Zögerst du, dich von Gott im Heilungsdienst und im Dienst der Dämonenaustreibung gebrauchen zu lassen, weil du dich vor dem Gerede und der Meinung der Leute fürchtest?

Liegen die gesegneten Gaben des Geistes ungenutzt in dir, weil du dich fürchtest, diese Gaben einzusetzen und dir damit einen eventuellen Tadel und das Mißfallen der anderen zuziehen könntest?

„Vergräbst" du dich, weil du den Widerspruch der eigenen Familie fürchtest? Menschenfurcht hat fatale Auswirkungen: Sie verschließt die Lippen, macht gesalbte Leben kraftlos und quält ihre Opfer. Es gibt kein passenderes Wort über die Konsequenzen eines furchterfüllten Lebens als dieses: *„Die Furcht hat Pein."*

In Chicago befiel mich Furcht

Vor einigen Jahren hatte ich einen Dienst in Chicago, als ich eine der schrecklichsten Begegnungen mit der Furcht hatte. Ich predigte jeden Tag in einer Sporthalle. Hunderte von Seelen kamen zur Errettung. Die Versammlungen erstreckten sich über einen Zeitraum von etwa 10 Wochen und brachten herrliche Resultate.

An einem Abend nach der Versammlung befand ich mich im rückwärtigen Teil der Halle in der Nähe des Büchertisches. Ich sah einen Mann dort stehen und fühlte in meinem Herzen eine Bewegung des Mitgefühls für ihn. Ich ging zu ihm und streckte ihm die Hand entgegen. Er lehnte es jedoch in grober Weise ab, mir die Hand zu schütteln und machte unfreundliche Bemerkungen. Danach verließ er unverzüglich die Halle. Ich war etwas verdutzt über seine Reaktion, dachte mir aber nichts dabei.

Am nächsten Tag erschien der gleiche Mann wieder in der Halle und ging auf mich zu. Mit einem Lächeln im Gesicht entschuldigte er sich für sein Benehmen am Abend zuvor. Er erklärte: „Ich weiß nicht, was über mich kam, aber aus irgendeinem Grunde wollte ich Sie einfach umbringen!"

Ich studierte für einen Moment die Augen des Mannes und sagte dann: „Ich bin froh, daß Sie wiedergekommen sind, denn der Herr kann Ihnen in diesem Problem helfen."

Einige Tage später traf ich den Mann wieder in einem Selbstbedienungsrestaurant, wo ich zu Mittag aß. Er war sehr freundlich, und ich lud ihn ein, an meinen Tisch zu kommen. Ich legte ihm dar, wie sehr der Herr ihn liebte und Befreiung in sein Leben bringen wolle. Ich bat ihn dringend, Jesus als persönlichen Retter anzunehmen. Der Mann hörte zu, war aber nicht bereit, sein Leben in Jesu Hände zu legen.

Das nächste Mal sah ich diesen Mann auf dem Roosevelt Boulevard. Ich war mit meiner Frau und den beiden kleinen Kindern unterwegs. Er tauchte plötzlich hinter mir auf und begann, mich heftig zu verfluchen. Ich war betreten, daß meine Frau und die Kinder alles mit anhören mußten. Ich stand schließlich still, drehte mich um und befahl ihm, uns allein zu lassen. Er gab noch ein paar Flüche von sich und verschwand.

Einige Tage später ging ich die Wabash Avenue entlang, um zur Nachmittagsversammlung zu kommen. Kurz vor der Halle wartete der Mann zwischen zwei Häusern auf mich. Ich hatte ihn nicht wahrgenommen und war völlig überrascht, als er plötzlich über mich herfiel. Ein paar Augenblicke stand ich wie gelähmt, als er mir mehrere Male ins Gesicht schlug. Was er dabei an Worten von sich gab, war noch bösartiger als beim letzten Mal. Als er drohte, mir die Augen auszustechen und mich zu töten, machte ich mich bereit, diesen erneuten Angriff abzuwehren.

Bei seinen ungestümen Worten fiel mir auf, daß die Sätze so flüssig aus seinem Munde kamen, was ihm gar nicht eigen war. Er hatte in unseren bisherigen Gesprächen immer etwas stockend gesprochen, da er einen Sprachfehler hatte. Davon war aber jetzt überhaupt nichts zu merken.

Der Heilige Geist offenbarte mir, daß dieser Mann nicht seine natürlichen Worte gebrauchte, sondern unter dem Einfluß einer übernatürlichen Macht stand. Satan beherrschte die Worte und Taten dieses Mannes!

Nachdem ich erkannt hatte, daß dies nicht ein Konflikt mit Fleisch und Blut, sondern mit den Geistern der Finsternis war, die hier gegen mich ins Feld geführt wurden, wußte ich, daß ich die Waffen des Geistes einsetzen mußte. Mit Autorität gebot ich: „Im Namen Jesu Christi gebiete ich dir, Satan, daß diese Macht gerade jetzt gebrochen wird. Ihr Geister der Finsternis, ich gebiete euch, mich allein zu lassen!"

Plötzlich war es, als ob eine unsichtbare Macht ihn ergriffen hätte. Die Arme fielen herunter, und er begann, wie verrückt die Wabash Avenue hinunterzurennen. Als er floh, verhielt er sich so, als würde er von einem Dutzend starker Männer verfolgt.

Ich bin überzeugt, daß die Kraft des Herrn jene unsichtbare Gewalt war, die ihn zu einer solchen Reaktion veranlaßte und die uns triumphieren ließ — angesichts eines möglichen Unglücks.

Quälende Angst

Obwohl diese Erfahrung einen siegreichen Abschluß hatte, war ich in den nächsten zehn

Wochen das Ziel quälender Dämonen, die mich regelmäßig mit Beschuldigungen und Einflüsterungen belästigten.

Diese Geister der Furcht sprachen zu mir: „Dein Gott hat dich nicht beschützt. Er hat zugelassen, daß du angegriffen und geschlagen wurdest. Wie willst du wissen, daß es nicht wieder geschieht?"

Ich gebot diesen Dämonen in Jesu Namen, mich zu verlassen. Ich hatte danach auch einige Zeit Ruhe, aber sie kamen später in unerwarteten Augenblicken wieder zurück und verhöhnten mich hauptsächlich mit diesem Gedanken: „Wenn dein Gott es zuließ, daß du geschlagen wurdest, dann kann es wieder so passieren!"

So wappnete ich mich ständig für den Fall, daß nun plötzlich ein mir auflauernder Angreifer kommen würde. Wenn ich die Geschäftsstraßen entlang ging, kamen mir die Leute verdächtig vor, die mich besonders anblickten, denn sie könnten vielleicht – so fürchtete ich – Satans Instrumente sein, um mich erneut anzugreifen. Sogar in den Versammlungen hielt ich Ausschau nach satanisch beherrschten Individuen, die als Mittel des Angriffs auf mich dienen konnten.

Diese aufreibende Beunruhigung dauerte etwa zehn Wochen, bis ich den endgültigen Sieg errang. Ich sprach zu Satan: „Du bist ein Lügner, ein Dieb, ein Verwüster und Zerstörer. Aber ich möchte, daß du eines weißt: Der in mir wohnt, ist stärker als alle Macht, die du gegen mich anwenden kannst. Im Namen Jesu vertreibe ich euch, ihr plagenden Dämonen und gebiete, daß eure Kraft bei mir ein für allemal gebrochen ist. Ich überwinde euch durch das Blut Jesu und das Wort meines Zeugnisses!"

Preis dem Herrn, der Heilige Geist half mir

4.12.09 –

zu einem dauerhaften Sieg. Nie wieder wurde ich von dieser quälenden Angst ergriffen, die mir über zehn Wochen lang anhaftete. Jahre sind nun vergangen, und ich lebe immer noch in diesem Sieg.

Zwölf Gründe, warum wir frei von Menschenfurcht leben können

Gott hat in der Vergangenheit Sein Volk immer wieder dazu aufgefordert, der Menschenfurcht zu widerstehen. Diese Worte sind in der Bibel festgehalten und gelten auch für heute. Während du diese Verheißungen studierst und darüber nachdenkst, laß Gott zu dir reden:

1. Ihr sollt euch vor niemand fürchten (5. Mose 1,17).
2. Und der Herr sprach zu Josua: „Fürchte dich nicht vor ihnen" (Josua 11,6). Der gleiche Herr, der zu Josua sprach, spricht zu dir aus dem Alten und Neuen Testament und durch Seinen Geist heute: „Fürchte dich nicht vor ihnen!"
3. Da sprach der Engel des Herrn zu Elia: „Geh mit ihm hinab und fürchte dich nicht vor ihm" (2. Könige 1,15). Es ist bezeichnend, daß die Botschaft der Engel so oft mit einem „Fürchtet euch nicht" oder „Fürchte dich nicht" beginnt.
4. Und als ich ihre Furcht sah, machte ich mich auf und sprach ...: „Fürchtet euch nicht vor ihnen; gedenket an den Herrn" (Nehemia 4,8). Was für einen guten Rat gab Nehemia vor so langer Zeit, und er ist auch gut für uns heute. Wem immer du gegenüberstehst, gedenke des Herrn und nicht der

Leute, die du fürchtest. Blicke auf Jesus, den Anfänger und Vollender des Glaubens (Hebräer 12,2).

5. Ich fürchte mich nicht vor vielen Tausenden, die sich ringsum wider mich legen (Psalm 3,7). Diese Worte waren Ausdruck des Vertrauens und der Zuversicht Davids, und er durfte erfahren, daß er nicht zuschanden wurde. Wenn jemand vom Überwinden der Menschenfurcht reden konnte, dann war es David. Wie hat er doch erlebt, daß er scheinbar unüberwindlichen Übermächten gegenüberstand, mit keinerlei Aussicht auf Erfolg, und der Herr gab ihm doch den Sieg. Seine Worte sind deshalb besonders kompetent.
6. Auf Gott hoffe ich und fürchte mich nicht; was können mir Menschen tun (Psalm 56,12).
7. Fürchte dich nicht vor ihnen; denn Ich bin bei dir und will dich erretten, spricht der Herr (Jeremia 1,8). Wie fürchtet man sich doch vor dem Gesichtsverlust vor Menschen, und wie ist man doch darauf aus, unbedingt die Gunst der Menschen zu erreichen und zu behalten. Was für einen Kampf hatte ich diesbezüglich durchzumachen. Das erste öffentliche Reden geschah voll Angst. Aber das Wort Gottes machte mich frei, so daß ich später ohne Furcht aufstehen und zu den Leuten reden konnte. Ich konnte in ihre Gesichter blicken, ohne von seelenumstrikkenden Ängsten hin- und hergerissen zu sein.
8. Der Herr ist mit mir, darum fürchte ich mich nicht; was können mir Menschen tun (Psalm 118,6).
9. Fallt nur nicht ab vom Herrn und fürchtet

euch vor dem Volk dieses Landes nicht ... der Herr aber ist mit uns. Fürchtet euch nicht vor ihnen (4. Mose 14,9). Widerstand gegen den Herrn ist oft ein Vorbote der Angst. Wenn wir dem Herrn nicht gehorchen und der Menschenfurcht nachgeben, können wir damit nicht nur den Heiligen Geist dämpfen und betrüben, sondern Ihm direkt widerstehen.

10. Fürchtet euch nicht, wenn euch die Leute schmähen, und entsetzt euch nicht, wenn sie euch verhöhnen (Jesaja 51,7).
11. Der Herr ist mein Licht und mein Heil; vor wem sollte ich mich fürchten? Der Herr ist meines Lebens Kraft; vor wem sollte mir grauen? (Psalm 27,1).
12. Denn der Herr hat gesagt: „Ich will dich nicht verlassen und nicht von dir weichen." So können auch wir getrost sagen: „Der Herr ist mein Helfer, ich will mich nicht fürchten; was kann mir ein Mensch tun?" (Hebräer 13,5-6).

3. Kapitel

Verschiedene Ängste

Ich unterhielt mich mit einem Psychiater aus Washington über die verschiedenen Ängste, wobei wir auch auf deren Ursachen und Resultate zu sprechen kamen. Sie werden als Phobien bezeichnet (vom griechischen Wort PHOBOS – Furcht – abgeleitet). Der Doktor war sich darüber klar, daß diese Ängste als das Produkt einer Macht oder eines Geistes von außerhalb anzusehen sind. Sie sind keineswegs nur eine seltsame Angewohnheit oder eine sonderbare charakterliche Marotte.

Der Doktor erzählte mir von Gamophobie, die Furcht vor dem Heiraten. Ich erinnerte mich daran, daß ich in meinem Dienst auch mit einem solchen Fall zu tun hatte. Es handelte sich um einen jungen Mann, der bereits fünfmal verlobt war. Er sagte: „Ich möchte heiraten. Ich weiß, daß es richtig ist. Aber wenn es dann soweit ist, fürchte ich mich vor der Eheschließung!"

Im Namen Jesu löste ich ihn von dieser Belastung, und bald war der junge Mann glücklich verheiratet. Seine Ehe klappte vorzüglich. Aber erst mußte er von dieser Gamophobie befreit werden.

Satan ist recht erfolgreich in seinen Bemühungen, diese Geister der Furcht den Menschen aufzubürden. Die Nervenkliniken sind voll von

Leuten, bei denen diese schädlichen Ängste Raum gewannen, worauf ihre Leben zerrüttet und zugrundgerichtet wurden.

Menschenfurcht gibt es auch als Misophobie, der Furcht vor Schmutz. Der Doktor berichtete von einem Mann, der niemandem die Hände schüttelte, damit kein Schmutz und keine Krankheitserreger an ihn gelangen konnten. Er verbrachte viel Zeit damit, seine Hände zu waschen, fünfzig- bis hundertmal am Tag. Klingt das extrem? Aber so kann die Furcht uns gefangennehmen!

Meine Frau und ich kennen ein christliches Ehepaar, das mit Toxicophobie zu tun hat, der Furcht vor dem Vergiftetwerden. Nicht selten fürchten sie, daß jemand ihr Essen vergiftet hat und rühren es nicht an. Manchmal fühlen sie sogar, daß Gott ihnen offenbart, das Essen, das im Restaurant vor ihnen steht, sei vergiftet, und sie essen keinen Bissen davon.

Das ist ein Angriff des Teufels und ein Geist der Menschenfurcht. Diese Leute kennen Gott und sind doch Gefangene der Menschenfurcht. Sie haben Angst vor dem, was ihnen Menschen tun können.

Meine Befreiung von Laliophobie

Ich erwähnte bereits kurz, daß ich panische Angst vor dem öffentlichen Sprechen hatte. Der Arzt nennt diese Furcht Laliophobie.

Es war ein unvergeßliches Gotteserlebnis, als der Herr mitten in der Nacht Seine Hand auf mich legte und mich zum Dienst berief. Nachdem ich Seinen heiligen Ruf vernommen hatte, fühlte ich mich gedrängt, obwohl es mitten in der Nacht war, meine Schwester zu unterrichten, die damals neben mir die einzige gläubige Person in der Familie war. Wir freuten uns zusammen und weinten.

Als ich am nächsten Morgen um 6.30 Uhr meinen Vater in der Küche hantieren hörte, entschied ich mich, auch ihm zu berichten, daß der Herr mich berufen hatte, Sein Evangelium zu verkündigen.

Nun, mein Vater hatte ein rauhes, rücksichtsloses Leben geführt. Wenn ich ihn etwas über unseren Herrn sagen hörte, dann nur in Flüchen. Er war ein Weltmensch, ein grober Sünder, der die Flasche, Untreue und andere Laster liebte.

Als ich ihm erzählt hatte, was ich in der Nacht erlebte, ging er auf mich zu und schaute mir scharf in die Augen: „Ich kann nicht sehen, wie du je ein Prediger werden könntest. Du hast schon immer Sprechschwierigkeiten gehabt, und als Prediger mußt du reden können!" Er war natürlich völlig dagegen, daß ich Prediger werden würde.

Aber ich wußte, daß der Herr mich gerufen hatte. Ich entgegnete ihm: „Vater, ich weiß, daß ich nicht gut reden kann. Aber ich weiß auch, daß der Herr mich zum Predigen berufen hat, und mit Gottes Hilfe werde ich das Evangelium Christi predigen!"

Darauf drehte ich mich um und ging nach oben in mein Schlafzimmer. Dort war ich allein und wandte mich gleich dem Worte Gottes zu. Meine Augen fielen auf folgende Schriftstelle:

„Fürchte dich nicht, Ich bin mit dir; weiche nicht, denn Ich bin dein Gott. Ich stärke dich, Ich helfe dir auch, Ich halte dich durch die rechte Hand Meiner Gerechtigkeit" (Jesaja 41,10).

Wie dieser Vers mein Herz stärkte! Wenn Gott mit mir war, überlegte ich, dann brauchte ich nichts zu fürchten. Halleluja!

Innerhalb von sechs Monaten bekehrte sich mein Vater durch die Gnade Gottes und hat nie meinem Dienst etwas in den Weg gelegt. An jenem Morgen auf den Knien befreite mich Gott auch von Laliophobie, der Angst vor öffentlichem Sprechen.

Vielleicht ist es für manchen Leser interessant, zu wissen, was es alles für Ängste bzw. Phobien gibt, die wider bessere Einsicht als Zwang auftreten. Die Liste erhebt keinen Anspruch auf Vollständigkeit.

AILUROPHOBIE
: Furcht vor Katzen

ALGOPHOBIE
: Furcht vor Schmerzen

ANDROPHOBIE
: Furcht vor Menschen

APHEPHOBIE
: Furcht vor menschlicher Berührung

ARACHNEPHOBIE
: Furcht vor Spinnen

ASTROPHOBIE
: Furcht vor Donner und Blitz

AUTAPHOBIE
: Furcht vor dem Alleinsein

BASIPHOBIE
: Furcht vor dem Gehen

BATHOPHOBIE
: Furcht, von hohen Plätzen herunterzufallen

BATOPHOBIE
: Furcht vor hohen Objekten (Türme, Berge)

CAROPHOBIE
: Furcht vor Insekten

CLAUSTROPHOBIE
Furcht vor geschlossenen Räumen
COPROPHOBIE
Furcht vor Dreck und Unrat
CYNOPHOBIE
Furcht vor Hunden und Tollwut
DEMOPHOBIE
Furcht vor Menschenansammlungen
DORAPHOBIE
Furcht vor Berührung mit Tierhaaren
ERGASIOPHOBIE
Furcht vor Arbeit/Übernahme von Verantwortung
GAMOPHOBIE
Furcht vor Heirat
GEPHROPHOBIE
Furcht vor Brücken
GYNEPHOBIE
Furcht vor Frauen
HEMOPHOBIE
Furcht vor Blut
LALIOPHOBIE
Furcht vor öffentlichem Sprechen
LYSSOPHOBIE
Furcht, irre zu werden
NECROPHOBIE
Furcht vor dem Tod oder toten Körpern
NUDOPHOBIE
Furcht, unbekleidet gesehen zu werden
OPHIDIOPHOBIE
Furcht vor harmlosen Schlangen
PANTOPHOBIE
reiner Angstzustand
PECCATIPHOBIE
Furcht, sozial falsch zu handeln
PHARMACOPHOBIE
Furcht vor Medizin
PHOTOPHOBIE
Furcht vor Licht

PSYCHROPHOBIE
Furcht vor Kälte
PYROPHOBIE
Furcht vor Feuer
RHABDOPHOBIE
Furcht, geschlagen zu werden
SCOPOPHOBIE
Furcht, beobachtet zu werden
SCOTOPHOBIE
Furcht vor Dunkelheit
SITOPHOBIE
Furcht vor Nahrungsmitteln
THALASSAPHOBIE
Furcht vor Seereisen
TOXICOPHOBIE
Furcht vor dem Vergiftetwerden
ZOOPHOBIE
Furcht vor Tieren

Gott will dir versichern, daß du nicht in Furcht leben mußt, da du erlöst und ein Gotteskind bist: „... daß wir, erlöst aus der Hand unserer Feinde, Ihm dienten ohne Furcht unser Leben lang in Heiligkeit und Gerechtigkeit vor Seinen Augen" (Lukas 1,74-75).

4. Kapitel

Was die Angst produziert, sieht ihr ähnlich

Ich hatte eine Evangelisation bei Pastor Jones in Klamath Falls, Oregon, in der First Assembly of God-Gemeinde. Während dieser Tage wurden Pastor Jones und ich gebeten, einen Hausbesuch bei einem blinden Mann zu machen. Er erzählte uns seine Geschichte:

„Viele Jahre lang konnte ich ausgezeichnet sehen. Aber schon damals hatte ich ständig Angst, ich könnte eines Tages blind werden. Diese Angst verfolgte mich oft.

Dann kam die Zeit, wo tatsächlich meine Sehfähigkeit abnahm. Meine Ängste wurden noch größer. Die Ärzte sagten mir zwar, ich brauchte einfach eine neue Brille, aber es sei nichts Ernstes. Doch die Ängste quälten mich weiter: Ich befürchtete, nicht nur immer schlechter zu sehen, sondern später einmal ganz zu erblinden.

Und so kam es auch: Eines Tages verlor ich das Augenlicht ganz. Ich bin nun schon einige Jahre blind und lebe zu Hause."

Bei seiner Schilderung wurde ich an Hiob erinnert, der Gesundheit, Familie und Besitz verlor und bekannte: „Denn was ich gefürchtet habe, ist über mich gekommen; und wovor mir graute, hat mich getroffen" (Hiob 3,25).

Warum ist die Angst so mächtig? Wie kann Furcht manchmal gerade die Dinge nach sich ziehen, die wir nicht wünschen?

So wie ein Gotteswort, das wir innerlich bewegen, uns stärkt und aufleben läßt, so können andererseits Gedanken der Furcht uns innerlich zusetzen und uns schließlich auch für das anfällig machen, wovor wir uns fürchten. Dahinter steckt Satan. Wieder gilt es zu erkennen, daß Furcht satanisch ist: „Denn Gott hat uns nicht den Geist der Furcht gegeben, sondern der Kraft und der Liebe und der Besonnenheit."

Wenn du dich zu fürchten beginnst, machst du dem Teufel Platz, der weitere Ängste entwikkelt. Und diese Geister der Angst können buchstäblich umstricken und gefangennehmen.

Deshalb sollten wir uns der Furcht möglichst schon im Anfangsstadium widersetzen, so daß ihr kein Platz eingeräumt wird. Dies kannst du nur durch den Namen Jesus tun und die Bevollmächtigung des Heiligen Geistes. Der Teufel ist ein Irreführer und möchte in raffinierter Weise die Leute dahingehend beeinflussen, daß sie seine Werke schließlich als unabänderlich akzeptieren.

Selbstsucht

Eines der Zeichen der letzten Tage ist, daß die Menschen viel von sich halten und selbstsüchtig sein werden: *„Da werden die Menschen nur noch an sich denken"* (2. Timotheus 3,2). Dieser Geist ist heute tatsächlich vorherrschend.

Eine Auswirkung davon ist die Angst vor Krankheit. Bei vielen Menschen ist es schwierig, sie zur Heilung zu führen, weil sie so selbstbezogen und ego-zentrisch sind. Selbstsucht schafft nicht die Atmosphäre, in der siegreicher Glaube sich entfalten und wirken kann.

Ich habe oft Leute in der Seelsorge, die schreckliche Angst davor haben, einen gesundheitlichen Schaden zu erleiden. Sie schauen immer nach Symptomen irgendeiner Krankheit aus. Aber diese Selbstbeobachtung richtet Schaden am Nervensystem an. Wer dauernd auf seinen Körper achtet und sich ängstigt, seine körperlichen Beschwerden könnten eine schwere Krankheit ankündigen, wer sich ständig mit diesen Gedanken beschäftigt und kaum mehr für anderes Interesse hat, der wird erfahren, daß alle solche Befürchtungen ihn nur noch kränker machen.

Ich las die Aussage einer bekannten medizinischen Größe, daß die meisten Nervenzusammenbrüche durch eingebildete Krankheiten entstehen.

Die Sorgen um die Gesundheit sind in der Nachfolge Jesu schädlich. Sie sind eine überflüssige Belastung. Plage dich doch nicht mit Dingen herum, die vielleicht einmal kommen oder eintreten könnten. Das Bild, das du dir vor Augen halten sollst, ist: „Durch Seine Wunden bin ich geheilt."

Angst möchte Selbstbemitleidung und Selbstverhätschelung und die Sympathie und das Mitleid anderer. Aber hör mir zu: Sympathie und Mitleid helfen dir nicht. Damit wirst du nicht Heilung und Gesundheit erlangen, sondern das wird eher noch dazu führen, daß du bekommst, wovor du dich fürchtest.

Nicht durch erbliche Anlagen

In der Seelsorge habe ich auch mit Leuten zu tun, denen der Teufel weismacht, daß sie unweigerlich Krebs bekommen, weil andere Familienmitglieder bereits diese Krankheit hatten.

Ich bin mir der Vererbungsgesetze bewußt, ich bin mir aber auch eines größeren Gesetzes bewußt, nämlich des Gesetzes des Lebens in Christus. Wir dürfen der Furcht keinen Raum geben. Wenn diese ungesunden Gedanken erst unser Gemüt eingenommen haben, ist es schwer, sie wieder loszuwerden.

Der bekannte amerikanische Arzt Dr. Alexis Carroll sagt: „Furcht ist fähig, eine echte Krankheit auszulösen." Viele andere Persönlichkeiten der Medizin bestätigen diese Tatsache.

Furcht nagt und zehrt, weil man innerlich nicht zur Ruhe kommt. Sie hält die Seele in dauernder Spannung, wodurch nervöse Störungen — vor allem im Herz-, Magen- und Darmbereich — auftreten, die sogar zur Entstehung von Geschwüren führen können. Die Angst raubt uns den inneren Frieden und schädigt das Gemütsleben. Solange wir uns ängstlich absorgen, sind wir bedrückt und mißmutig, unruhig und aufgeregt. Angst lähmt in der Tat Lebensmut und Lebensfreude.

Mit der Furcht ist nicht zu spaßen, das bewahrheitet sich immer wieder bei den Ärzten und Psychiatern. Furcht erzeugt oft erst das, wovor man sich fürchtet.

Aber denke daran: Deine Sorgen und Ängste sind völlig unnütz. Du kannst mit all deinen Sorgen deiner Lebenslänge keine Elle zusetzen. Und denke des weiteren daran: Du bist von Gott geliebt und in Gottes Augen wertvoll. Für dich brachte er das höchste Opfer, wie könnte Er dich je versäumen.

Betrachte die Vögel des Himmels und die Lilien auf dem Felde; sie sorgen nicht, werden aber gekleidet und versorgt. Du bist wertvoller, vertraue doch in allem dem, der es übernommen hat, dich durchzubringen.

Angst ist eine quälende Macht. Eine Macht, die die Seele verstrickt, die deine Kräfte lähmt und dein Leben hemmt und hindert. Angst ist keine Charaktereigentümlichkeit, dahinter steht in Wirklichkeit ein Geist – aber nicht von Gott, sondern vom Widersacher. *„Denn ihr habt nicht einen knechtischen Geist (wörtlich: einen Geist der Sklaverei) empfangen, daß ihr euch abermals fürchten müßtet"* (Römer 8,15).

Widerstehe der Furcht in Jesu Namen. Mache das Blut Jesu geltend gegen sie und sprich Gottes Verheißungen laut aus gegen sie.

5. Kapitel

Furcht kann verhängnisvoll sein

Furcht erzeugt Gebundenheit, und Gebundenheit ist immer das Ergebnis satanischen Wirkens. Er ist fleißig dabei, Zerstörung zu wirken. Ich habe erlebt, was Furcht in meinem eigenen Familienleben anrichtete.

1957 kauften Joyce und ich ein Eigenheim. Es kostete 11000 Dollar, wobei sich die monatlichen Ratenzahlungen auf 79 Dollar beliefen. Nach dem heutigen Stand der Dinge ist das eine Kleinigkeit. Aber in den fünfziger Jahren – und das bei einem begrenzten und unsicheren Einkommen – war dies eine ordentliche Summe. Ich stand im evangelistischen Reisedienst, wo es nicht leicht war, genügend Geld zu erhalten, um Frau und Kinder zu ernähren. Es gab immer wieder Wochen, wo keine Einladung vorlag, so daß ich während dieser Zeit überhaupt kein Einkommen hatte.

Ein geistlicher Kampf begann. Ich befürchtete, es würde mir nicht mehr möglich sein, die monatlichen Ratenzahlungen zu leisten. Jedesmal, wenn ich in Richtung Heimat fuhr, wollte mich überwältigende Furcht ergreifen. Ich hatte Angst, daß wir bald unser Haus verlieren würden.

Dann aber wurde ich an einem anderen Ort tätig, und wir zogen um. Wir wohnten nun in einem Mietshaus, während wir unser Eigenheim vermieteten. Ein Freund von uns vermittelte uns eine Mieterin. Diese Frau kam aber ihren Zahlungen nicht nach. Als schließlich die Zwangsräumung anstand, war die Frau so clever, immer dann außer Hauses zu sein, wenn der Beamte mit der Zwangsräumungsurkunde kam.

Durch die Mietausfälle waren wir inzwischen in eine finanzielle Notlage geraten, da wir nicht gleichzeitig die Miete für das neue Haus und die Ratenzahlungen für das alte aufbringen konnten. Satan wird wohl eine Zeit der Schadenfreude erlebt haben, als diese Frau die Miete nicht bezahlte und wir uns schließlich gezwungen sahen, das Haus der Baufirma zu überlassen. Es war ein herber Verlust für uns.

1961 wurde mir dann im Zusammenhang mit dem bereits erwähnten Gotteserlebnis auch der Vers großgemacht: *„Denn Gott hat uns nicht den Geist der Furcht gegeben, sondern der Kraft und der Liebe und der Besonnenheit"* (2. Timotheus 1,7). Mit einer neuen Ausrichtung in meinem Geist begannen Joyce und ich mutige Glaubensschritte zu tun. Wir kauften ein anderes Haus.

Ich befand mich wiederum auf einem geistlichen Kampffeld, als ich den Kaufvertrag unterzeichnete. Satan versuchte, die alten Quälgeister zurückzubeordern, die mich damals befielen, als ich unser erstes Haus gekauft hatte. Mir war klar: Wenn ich der Furcht wieder Raum gab, würde Satan das gleiche Spiel mit mir treiben wie damals. Jesus offenbart uns Satans finsteres Wesen in Johannes 10,10: *„Ein Dieb kommt nur, um zu stehlen, zu schlachten und umzubringen. Ich bin gekommen, damit sie das Leben und volle Genüge haben sollen."* Wenn du der Furcht nachgibst, gibst du dem Wesen Satans nach, das als Zielsetzung Zerstörung, Diebstahl und Tod hat.

Ich preise den Herrn, daß wir nach dem Kauf unseres neues Hauses im Jahre 1961 nie eine Zahlung ausfallen lassen oder verspätet leisten mußten.

Fürchte kein Ehe-Debakel

Joyce und ich feierten vor kurzem unseren 30. Hochzeitstag. Ich bin mir klar darüber, daß es in einer Zeit der hohen Scheidungsraten und kranken Ehen eine Leistung darstellt, wenn ein Paar 30 Jahre zusammenbleibt. Ich bin für Gottes Hilfe und Gnade darin dankbar.

Es gibt verschiedene Eheprinzipien, über die ich jetzt berichten möchte. Ich habe mit vielen Leuten gesprochen, die glücklich verheiratet sind, und auch mit solchen, deren Ehen auseinandergingen. Ich habe versucht, die Dinge zu erkennen, die eine Ehe dauerhaft machen und auch die Gründe zu erforschen, warum Ehen zerbrechen.

Ich bin davon überzeugt, daß es Gottes Wille ist, daß wir uns eines Ehelebens mit vollem Genüge erfreuen. Das bedeutet weit mehr, als nur einfach sich irgendwie schlecht und recht zusammen zu arrangieren.

Die meisten Ehen werden ernsten Prüfungen unterworfen. Sowohl Männer als auch Frauen erleben Mißverstehen, Leiden, Schmerz, Versuchung. Es gilt, sich trotz dieser Widrigkeiten des Zusammenlebens zu erfreuen.

Ich glaube, ein guter Eherat ist folgender: Schiebe die Zeit nicht auf nächstes Jahr oder auf zehn Jahre hinaus, von wo an du dich deiner Ehe zu erfreuen gedenkst. Verschiebe dein Bemühen um eine positive, konstruktive Ehe nicht auf eine Zeit, wenn die Dinge „ideal" sein werden.

Einer sagte: „Ich dachte, daß dann, wenn wir von unseren hohen Schulden herunter sein würden und die Kinder aufgezogen wären, unsere Ehe wirklich glücklich wäre. Nun sind wir die Schulden los, und die Kinder sind erwachsen, aber meine Frau und ich sind immer noch nicht glücklich."

Und ein anderer Mann bekannte: „Meine Frau und ich freuten uns so auf die Zeit nach unserer Pensionierung, wo wir mehr Zeit füreinander haben würden und uns gegenseitig mehr erfreuen könnten. Aber es kam nicht so. Mir wird bewußt, daß wir das Leben verstreichen ließen und es versäumten, uns unseres Zusammenlebens während der ganzen Jahre vorher zu erfreuen."

Manche schauen nach einer utopischen Art Leben aus, wenn sich alles zum Besten gewandt hat. Aber Gottes Plan für uns ist, schon jetzt so zu leben und nicht auf zukünftige Umstände und Situationen zu hoffen, die sich dann vielleicht gar nicht ergeben. Die Bibel sagt: *„Ein fröhliches Herz tut dem Leibe wohl; aber ein betrübtes Gemüt läßt das Gebein verdorren"* (Sprüche 17,22). Das bedeutet: Ein fröhliches Herz sollst du in deine Ehe einbringen! Gewiß sollte eine Ehe von der Freude am Herrn überfließen, nicht nur von der Freude am irdischen Glück.

Wie im persönlichen Christenleben, so ist es auch in der Ehe: Wenn die Freude verloren geht, wird man schwach und anfällig für allerlei Probleme und Fehlschläge. Zu Zeiten gehen meine Frau und ich allein weg und haben dann eine wohltuende, sorgenfreie Zeit zusammen. Doch diese Zeiten sind die Ausnahme, nicht die Regel. Es kommt auf das tagtägliche freudige Zusammenleben an. Das ist es, was zählt.

In jeder normalen Ehe gibt es Probleme: Krankheit, Mühen, Lasten, Störungen, unerwartete Hindernisse, Unannehmlichkeiten, Verwirrung, finanzielle Schwierigkeiten, sogar Todesfälle. Aber das Leben geht weiter — und es ist schade und ein Jammer, wenn das Paar ungeachtet dessen sich nicht wirklich zusammen freuen kann.

Vor einiger Zeit mußte ich traurig miterleben, wie eine Ehe in nächster Nachbarschaft auseinanderbrach. Es begann damit, daß der Mann anfing, einer anderen Frau seine Probleme anzuvertrauen. Diese Frau war eifrig bemüht, den Mann zu trösten. Es fing ganz unschuldig an, aber es öffnete die Tür zu einer geheimen Liebschaft. Am Ende stand der Ehebruch.

Kein Ehegatte — ob Mann oder Frau — sollte die Eheschwierigkeiten vor anderen ausbreiten; besonders nicht jemandem vom anderen Geschlecht, der sich plötzlich in der Rolle des engen Freundes sehen könnte. Sogar der engste Vertraute deines eigenen Geschlechts braucht nicht über alle deine Eheprobleme informiert zu sein.

Wenn du mit anderen deine Schwierigkeiten besprichst, wirst du früher oder später erleben, daß diese dritte Person deine persönlichen Nöte anderen offenbart hat und damit dein Zeugnis beeinträchtigt. Sogar wenn der Herr dich zu einem Seelsorgegespräch bezüglich deiner Ehe führt, sollte es mit der Erlaubnis deines Gatten geschehen.

Wir werden aufgefordert: *„Verlaß dich auf den Herrn von ganzem Herzen, und verlaß dich* *nicht auf deinen Verstand, sondern gedenke an Ihn in allen deinen Wegen, so wird Er dich recht führen"* (Sprüche 3,5-6). Wir müssen uns an Jesus anlehnen in den Zeiten der Prüfungen, auch in unseren Eheproblemen.

Auch wenn deine Ehe ihren Teil an Druck, Last und Not und starken Meinungsverschiedenheiten haben sollte, bedeutet dies noch lange nicht, daß Scheidung die Lösung ist.

Eine nette junge Frau, deren Scheidung innerhalb einer Woche rechtskräftig geworden war, bekannte: „Ich wünschte, ich hätte nie das Wort Scheidung gebraucht. Wir waren nur fünf Jahre verheiratet, aber wir hatten ständig Debatten und Streitereien. Es wurde ziemlich schlimm, und so platzte ich eines Tages heraus: Ich glaube, wir sollten uns scheiden lassen!

Beide waren wir zuerst darüber schockiert. Wir hatten nie zuvor von Scheidung gesprochen. Aber nachdem der Schock sich gelegt hatte, merkte ich, daß eine Saat gesät war. Beim nächsten Mal fiel es mir schon leichter, dies zu sagen. Innerhalb weniger Wochen sprachen wir nur noch über Scheidung! Die Saat ging auf und erstickte schließlich unsere Ehe." Die Bibel sagt: *„Tod und Leben stehen in der Zunge Gewalt; wer sie liebt, wird ihre Frucht essen"* (Sprüche 18,21).

Zwei wichtige Dinge sollten wir in diesem Zusammenhang beachten:

1. Satan ist ein gemeiner Dieb, der kommt, um zu stehlen, zu zerstören und zu töten. Er fährt deshalb starkes Geschütz gegen deine Ehe auf. Es ist sein Ziel, deine Ehe durcheinander und zur Scheidung zu bringen. Davor dürfen wir die Augen nicht verschließen, sondern müssen ihm widerstehen, indem wir

uns Gott ausliefern und Ihn um Seine Hilfe und Gnade bitten.

2. Wir müssen in unserem Herzen keine Scheidungsfurcht nähren. Furcht hat ihren Ursprung in Satan; wir müssen sie deshalb abweisen. Wenn sich Gedanken der Furcht, daß deine Ehe zerbrechen wird, einstellen und sich deines Sinnes bemächtigen wollen, dann ziehe die geistliche Waffenrüstung an, mit der du dich gegen Satans Anschläge behaupten kannst.

Bezüglich der Kraft der Worte ist das Buch der Sprüche ein kräftiger Kommentar. Das Studium dieses Buches offenbart nicht nur, daß die Anwendung der richtigen Worte uns helfen kann, mit den Problemen des Lebens fertigzuwerden, sondern wir erkennen auch die zerstörerischen Elemente der falschen Worte.

Wir sollten nie jene Worte aussprechen, von denen wir wünschen, daß sie nie Teil unseres Lebens werden. Sage deshalb auch nie solche Sachen wie: „Meine Frau und ich sind so unglücklich!" oder: „Mein Mann ist und bleibt ein blöder Trottel!" usw.

Eine Frau mittleren Alters äußerte sich wie folgt: „Jemand hat meinen Mann demütig zu halten. Ihm wird so viel Beachtung geschenkt, er muß auch mal wieder einen Dämpfer bekommen und Staub lecken, sonst will er zu hoch hinaus. Ich will das nur verhüten!" Diese Frau wird die Konsequenz ihrer Worte ernten, denn sie bringt Zwietracht in ihre Ehe.

Jeder Mann braucht eine Frau, die ihn aufrichtet und nicht eine, die ihn hinunterzieht. Es ist keine Sünde, einander mit aufrichtigen Komplimenten zu ermutigen.

Eine geschiedene Frau berichtete: „Mein

Mann ist vor über drei Jahren weggegangen. Wie wünschte ich, daß er zurückkäme. Die Einsamkeit ist für mich unerträglich. Millionen Dinge habe ich vergessen, ihm zu erzählen. Wenn ich ihn nur hätte wissen lassen, wie gut er wirklich war – auf so vielen Gebieten. Wie töricht war ich doch: Ich habe es nie gelernt, ihn auch zu loben und ihm Komplimente zu machen. Statt dessen lag ich ihm immer auf der Pelle, hielt ihm seine Fehler unter die Nase und habe ihn fertiggemacht. Wenn ich jetzt sehe, wie manche Männer und Frauen ihren Partner so kalt behandeln, möchte ich schreien: Wacht auf, bevor es zu spät ist. Hört auf mit diesen sarkastischen Worten! Ermutigt einander!"

David Wilkerson bemerkt über die rechten Worte in der Ehe: „Du mußt lernen, ‚Entschuldige bitte' zu sagen – und es auch zu meinen. Liebe besteht nach der Bibel auch darin, zu sagen: ‚Es tut mir leid, bitte vergib mir!'"

Ein wütender Mann prahlte: „Gestern habe ich es meiner Frau gegeben! Ich habe sie zur Schnecke gemacht. Sie will immer recht haben, und ich soll immer schief liegen. Aber diesmal bin ich mit ihr Schlitten gefahren. In dieser Sache bin ich im Recht. Ich bin sonst der, der nachgibt. Aber diesmal nicht! Ich bleibe so lange weg, bis sie auf den Knien gekrochen kommt und zugibt, daß sie im Unrecht ist!"

Neben dem „Ich habe mich geirrt", müssen Ehemänner und –frauen auch lernen, „Ich vergebe dir" zu sagen. Jesus macht warnend darauf aufmerksam, daß die Vergebung unseres himmlischen Vaters daran hängt, daß auch wir unseren Schuldigern vergeben.

Hat dein Gatte oder deine Gattin dich betrogen? Erfolgte echte Buße? Fällt es dir unendlich schwer zu vergeben? Wenn er oder sie echte, von Gott gewirkte Traurigkeit darüber hat, und alles Bemühen vorhanden ist, sich wieder zu versöhnen — dann mußt du vergeben!

Und du mußt es vermeiden, die Vergangenheit hervorzuziehen. Tausende von Ehen haben Untreue überstanden, aber nur, weil der göttlichen Traurigkeit über die Sünde die göttliche Vergebungsbereitschaft gefolgt war.

Jesus sagt uns klar: *„Und wenn ihr steht und betet, so vergebt, wenn ihr etwas gegen jemanden habt, damit auch euer Vater im Himmel euch vergebe eure Übertretungen. Wenn ihr aber nicht vergebt, so wird euer Vater, der im Himmel ist, eure Übertretungen auch nicht vergeben"* (Markus 11,25-26).

Und die Bibel sagt des weiteren: *„Klugheit macht den Mann langsam zum Zorn, und es ist seine Ehre, daß er Verfehlung übersehen kann"* (Sprüche 19,11).

Gott ist daran interessiert, uns in unserer Ehe zurechtzuhelfen. Es liegt an uns, aufgrund des Wortes Ihm und Seiner Gnade zu vertrauen. Satan ist sehr gegen eine glückliche Ehe, deshalb sät er die Saat der Furcht, des falschen Redens, der ablehnenden Haltung usw., um uns dann alles zu rauben, was gut und für unser Glück bestimmt ist. Gib der Furcht keinen Raum — auch nicht der Furcht vor Scheidung.

6. Kapitel

Die Angst vor Kritik

Er stand im Brennpunkt der Öffentlichkeit. Sein Name war in der ganzen Welt bekannt. Die Menge jubelte ihm zu, wenn er durch die Straßen fuhr. Und doch wurde er von manchen als Heuchler, Betrüger und Mörder bezeichnet. Eine Zeichnung in einer Zeitung zeigte ihn auf einer Guillotine mit dem Fallbeil über seinem Kopf. Er war wahrscheinlich einer der meist kritisierten Männer seiner Zeit. Wer war es? George Washington, der erste Präsident der Vereinigten Staaten und einer der geschätztesten Führer der Nation.

Wenn immer jemand etwas tut, egal was es ist, kann er sicher sein, daß er kritisiert wird. Das ist sogar in den Reihen der Christen so. Kritisieren ist gewöhnlich als Verteidigungsmechanismus anzusehen, um sein eigenes Ich zu bestätigen und die Selbstachtung des anderen abzubauen. Ständiges Fehlervorhalten und Herabsetzung des anderen sind Anzeichen niedriger Selbsteinschätzung. Wie jemand sagte: „Du mußt ziemlich unten sitzen, wenn du den anderen herabsetzen mußt!"

Um der Überführung der geistlichen Lauheit im eigenen Herzen auszuweichen, kritisiert man den tatkräftigen Mitchristen, weil er etwas tut.

Ich habe schon vor langer Zeit in meinem

Radiodienst erkannt, daß es absolut kein Mittel gibt, Kritik zu verhindern. In der Seelsorge habe ich mit Leuten aus allen Schichten zu tun, mit unterschiedlichster Begabung und Intelligenz. Es ist tatsächlich so: Was dem einen gefällt, mißfällt dem anderen!

Wenn du die Leserbriefe in einer Zeitung oder Illustrierten liest, findest du immer wieder, daß einer nach dem Lesen eines bestimmten Artikels schreibt: „Das war das Letzte. Ich kündige mein Abonnement!" Aber ein anderer wird begeistert sein: „Das ist der beste Artikel über das Thema, den ich je gelesen habe." Wir müssen uns damit abfinden: Wir werden kritisiert, wenn wir etwas Bestimmtes tun, und auch kritisiert, wenn wir es nicht tun.

Jesus hatte zwölf Jünger. Von diesen, Seinen engsten Freuden, war einer ein Verräter und ein anderer verleugnete Ihn in dem Moment, wo Schwierigkeiten auftauchten. Warum sollte es uns mit unseren Freunden besser gehen? Die Bibel zeigt, daß zu seiner Zeit kein Größerer im Volk Israel war als Mose, und doch lesen wir immer wieder: „Und das Volk murrte gegen Mose!"

Wir können Kritik nicht vermeiden. Solange wir für Gott tätig sind und Sein Reich bauen helfen, werden wir ständig Kritik ausgesetzt sein. Da wir also nicht vermeiden können, kritisiert zu werden, müssen wir lernen, damit fertigzuwerden.

Natürlich gibt es auch berechtigte Kritik, die wir zu Herzen nehmen sollten. Jedesmal, wenn ich einen kritischen Brief erhalte, gehe ich ihn sorgfältig durch, um zu sehen, ob der Inhalt wahr und rechtens ist. Wenn das, was gesagt wurde, stichhaltig ist, suche ich mich zu prüfen und sehe, wie ich mich auf diesem Gebiet verbessern kann.

Aber ich möchte mich besonders mit der ungerechten Kritik auseinandersetzen, die wir als Christen ertragen müssen. Wir sollten erkennen, daß wir nicht unsere Zeit damit verbringen können, es all denen rechtzutun, die uns kritisieren. Wenn wir es der einen Person recht machen wollen, treten wir damit gewöhnlich einer anderen auf die Füße.

Unsere Aufgabe als Christen ist vorrangig, Gott zu gefallen und das zu tun, was Er will. Wenn wir die Gewißheit haben, das getan zu haben, dann müssen wir uns der Kritik anderer verschließen können. Es muß unser Entschluß sein, lieber unseres Meisters „Gut gemacht" hören zu wollen, als die Gunst der Menschen zu gewinnen. In den meisten Fällen ist es unmöglich, allen Menschen und gleichzeitig Gott zu gefallen. Laßt uns fortfahren, in allen Dingen das Wohlwollen des Herrn zu erlangen und laß die Leute dabei kritisieren, wenn sie unbedingt wollen.

Wohin Furcht vor Kritik führt

Dein Zeugnisdienst wird nie wirkungsvoll werden und du wirst nie Kranken Heilung zusprechen und Gottes Werkzeug sein können, um Dämonen auszutreiben, solange du durch die Angst vor Tadel und Kritik der Mitmenschen gefesselt bist.

Furcht macht unsicher, befangen und gehemmt. Das Zeugnis wird ängstlich und zaghaft. Furcht führt zu Minderwertigkeitsgefühlen. Gott will das aber nicht! Du bist in Christus, und Christus ist in dir. Diese beiden wunderbaren biblischen Wahrheiten gilt es zu beachten. Dein Leben steht unter der Herrschaft Christi, und es gibt nichts Minderwertiges an Christus.

Wenn du weiter in Furcht vor Tadel und Kritik lebst, wirst du immer mehr geplagt und wirst das erleben, was Sprüche 29,25 beschreibt: *„Menschenfurcht bringt zu Fall."* Das Ergebnis ist, daß du keinen Mut mehr hast, als Zeuge zu wirken. Du hast kein Vertrauen, mutig hinauszugehen und dich von Gott gebrauchen zu lassen, und deine Unschlüssigkeit und Schwachheit im geistlichen Kampf führt zu Fehlschlägen und Niederlagen.

7. Kapitel

Entschuldigungen und Ausreden

In der Seelsorge hatte ich schon mit verschiedenen Leuten zu tun, die im Dienst des Herrn stehen möchten, sich aber daran gehindert sehen. Sie zählen dann eine Liste von Ursachen auf, die als Rechtfertigung anerkannt werden sollen. E. W. Kenyon sagte: „Erzähle nicht, was du alles tun würdest, wenn die Umstände danach wären. In der Lage, in der du bist, sollst du anfangen zu wirken!"

Als Gott uns dahin führte, in verschiedenen Gebieten Kanadas einen Radio-, Literatur und Evangelisationsdienst zu beginnen, tauchten Dutzende von „Wenn" und „Aber" auf, die uns alle schon vor dem Start entmutigt hätten, wenn wir es ihnen erlaubt hätten.

Wenn wir genug Geld hätten,
könnten wir diesen Radiodienst tun.

Wie dieses große WENN bezüglich des Geldes uns anstarrte! Als wir nach Kanada gingen, hatten wir überhaupt kein Geld. Ich mußte sogar noch 75 Dollar von meiner Mutter leihen. Aber Gott führte uns Schritt für Schritt. Es war für uns ein harter Test. Es wurde zunächst immer schwieriger, bevor es besser wurde. Aber wir waren überzeugt davon, daß wir dort in Kanada sein sollten.

Wir unterzeichneten einen Radiovertrag ohne irgendwelche Mittel, aber im festen Glauben, daß der Herr uns helfen würde. Unverständlich, unvernünftig und unsinnig? Nein, das ist das gesegnete Leben des Glaubens!

Wenn Leute zu mir sagen: „Wenn ich nur Geld genug hätte, würde ich viel für Gott tun", bezeuge ich, was ich erfahren durfte und sage ihnen, daß der gleiche Gott auch ihren Bedarf kennt und ihn ausfüllen möchte, wenn sie nur den alten, einfachen Glauben an Gott und Sein Wort haben.

Wenn ich nicht Frau und Kinder hätte, was könnte ich alles für Gott tun

Wie oft höre ich diese Bemerkung von aufrichtigen Männern. Sie sind mürrisch, trotzig und verdrießlich und machen die ganze Familie traurig und unglücklich, weil sie Frau und Kinder haben. Ein Möchte-gern-Pastor sagte vor kurzem, da er eine Familie habe, könne er nicht das tun, was er als Gottes Willen für sein Leben fühle. Ich sagte ihm: „Seien Sie ehrlich und finden Sie sich mit dieser Sache ab. Sie wurden Vater dieser Kinder, und es ist Ihre Aufgabe, sie zu versorgen und zu erziehen. Sie müssen dieser von Gott gegebenen Verantwortung nachkommen, bevor Sie die ganze Welt mit dem Feuer des Evangeliums in Brand setzen wollen."

Wenn ich noch einmal von vorn anfangen könnte, wäre alles anders

Diese Feststellung ist oft ein Ausweichen vor

dem, was jetzt getan werden sollte. Solange du hier auf Erden bist, ist das JETZT deine Gelegenheit, um dein Leben für Gott einzusetzen. Ständig in hoffnungslosem Bedauern, Klagen und Nachtrauern zu leben, ist nutzlos und töricht.

Bist du der Meinung, daß du die Berufung deines Lebens verfehlt hast? Dann entscheide dich heute, nun das Beste aus deinem Leben zu machen — zur Ehre des Herrn: *„Ob ihr nun eßt oder trinkt oder was ihr auch tut, das tut alles zu Gottes Ehre"* (1. Korinther 10,31).

Wenn ich nur jünger wäre, wie könnte ich dann mein Leben planen

Der Alterskomplex ist eine der größten Entschuldigungen, die die Leute hervorbringen. Sie sagen, daß das Alter ihre Wirksamkeit einschränkt und behindert. Beinahe jeder, den ich treffe, ist entweder zu jung oder zu alt. Unsinn! Sei zufrieden mit deinem jetzigen Alter und zuversichtlich.

E. W. Kenyon, dessen Dienst und Bücher ich sehr schätze, begann überhaupt erst zu schreiben, als er 57 Jahre alt war. Er schrieb drei seiner in Ehren gehaltenen Bücher, als er beinahe 80 Jahre alt war.

Laß dich nicht im Netz der Altersentschuldigungen fangen. Ob du nun jung oder alt bist: Stelle dich an dem Platz, wo du bist, Gott zur Verfügung und sei brauchbar für Ihn — egal wie alt du bist.

Wenn ich mir nur mehr zutrauen würde, wäre ich sicher erfolgreich.

Kühnheit im Herrn beinhaltet Mut, Zuversicht und Beherztheit; dabei ruht aber dein Vertrauen nicht auf dem Fleisch, sondern auf Christus.

Der Herr baut dieses gesunde Vertrauen auf, durch Seine Gnade das tun zu können, was Er uns tun sehen möchte. *„Ich vermag alles durch den, der mich mächtig macht"* (Philipper 4,13). *„Nicht daß wir tüchtig sind von uns selber, uns etwas zuzurechnen als von uns selber; sondern daß wir tüchtig sind, ist von Gott"* (2. Korinther 3,5).

Wenn ich eine bessere Ausbildung hätte, könnte ich das Werk des Herrn tun

Gewiß ist Ausbildung wichtig. Jeder von uns möchte seinen Bildungsstand erweitern. Doch viele gute Pastoren und Arbeiter am Evangelium haben ihre begrenzte Bildung aufrichtig Gott zur Verfügung gestellt, und dem Herrn gefiel es, sie so in Seinem Weinberg zu gebrauchen.

Ein weltbekannter Evangelist hat nur eine sehr begrenzte Ausbildung genossen. Und doch war er Student in dem Sinne, daß er nie aufhörte, sich auf verschiedenen Gebieten weiterzubilden, bis er heute nicht nur ein gefragter Evangelist ist, sondern auch als gebildeter Mann gilt.

Wenn ich redebegabt wäre, würde ich viel Frucht bringen für den Herrn

Das ist eine bekannte Entschuldigung unter Christen. Doch Gott hat uns mit der physischen

Fähigkeit begabt, reden zu können. Wie groß oder klein diese Fähigkeit auch ist, der Herr kann sie zu Seiner Ehre gebrauchen. Viele zweifelten daran, daß ich je in den vollzeitlichen Dienst gehen könnte, da ich Schwierigkeiten mit dem öffentlichen Sprechen hatte. Aber mit der Hilfe Gottes gelang es mir, nicht nur diese Schwierigkeiten zu überwinden, sondern auch wirkungsvoll zu sprechen.

Zwei Verheißungen der Bibel waren es, die mir Kraft gaben: *„So geh nun hin: Ich will mit deinem Munde sein und dich lehren, was du sagen sollst"* (2. Mose 4,12). Und das Zeugnis Davids: *„Der Geist des Herrn hat durch mich geredet, und Sein Wort ist auf meiner Zunge"* (2. Samuel 23,2).

Diese beiden Verse halfen mir, die Schwierigkeiten zu überwinden, und mit Gottes Gnade habe ich inzwischen etwa sechstausendmal öffentlich gepredigt und Tausende von Radio-Botschaften gesprochen.

„Es soll nicht durch Heer oder Kraft, sondern durch Meinen Geist geschehen, spricht der Herr Zebaoth."

Wenn ich eine bessere Gesundheit hätte, könnte ich das Werk des Herrn tun

Wir dürfen zuversichtlich sein, daß der Herr, der uns für ein bestimmtes Werk beruft, uns auch mit der nötigen Gesundheit für diese Aufgabe ausrüstet. Wenn du gesundheitliche Probleme überwinden willst, solltest du folgendes beachten:

1. Höre auf, mit anderen über deine Gesundheit zu reden. Das hilft dir nicht. Alles, was du

erreichst, ist vielleicht etwas Mitleid und Anteilnahme, aber das bringt dir nicht die Gesundheit.

2. Höre auf, dir über deine Gesundheit Sorgen zu machen, dich zu beunruhigen und zu ängstigen. Sorgen lösen keine Probleme, sie heilen keinen Kranken und zahlen auch keine Rechnung. Die Sorgen haben dir nicht geholfen, das weißt du nur zu gut.

Gott kann Seine Diener heilen und sie mit einem gesunden Körper und Verstand segnen.

Wenn man mir eine Chance gäbe und mir der große Durchbruch gelänge, dann ...

Das ist nicht das Geheimnis, um erfolgreich in Gottes Werk zu stehen. Das Wohlwollen muß von Gott kommen. Der Herr mag oft andere benutzen, um dich zu ermutigen, aber laß dich nicht dazu verführen, auf Durchbrüche und Chancen zu warten. Sei du für den Herrn tätig, und du wirst Gelegenheiten bekommen!

Wenn mir niemand den Weg verlegen würde, könnte ich es tun.

Die Bibel sagt: *„Ist Gott für uns, wer kann wider uns sein?"* (Römer 8,31). Für einen hingegebenen Arbeiter des Herrn gibt es nichts, was ihn bei dem ihm vom Herrn gegebenen Auftrag blockieren könnte, denn nichts kann Gott Einhalt gebieten, der in dir ist und dich befähigt.

Das ist wirklich eine fadenscheinige Rechtfertigung, die beinahe als Vorbote des Mißerfolgs angesehen werden kann. Was immer sich dir in den Weg stellen mag, halte dich daran: *„Aber in dem allem überwinden wir weit durch den, der uns geliebt hat."*

Wenn das Fernsehen nicht wäre,
könnte ich es tun.

Das Fernsehen wurde schon für viel Böses in der heutigen Zeit verantwortlich gemacht, und das mit Recht. Doch das Fernsehen als Grund für das eigene Versagen anzugeben, ist nicht rechtmäßig.

Ich muß gestehen, daß ich unter dem Eindruck des Fernsehens einem „Aber" erlaubte, mich am Tun des Willens des Herrn zu hindern — nämlich in meinem Radiodienst.

Der Herr hatte mir die grenzenlosen Möglichkeiten der Evangeliums-Radiosendungen schon 1951 gezeigt, als ich gerade 21 Jahre alt war. Ich wußte damals, daß der Herr mich rief, als Radio-Evangelist tätig zu sein. In den anschließenden sechs Jahren war das auch so. Aber als das Fernsehen immer stärker aufkam, hatte ich den Eindruck, daß niemand mehr Radio hörte und stellte deshalb die Sendungen ein.

Dann lernte ich eine wichtige Lektion: Wenn Gott uns ruft, sollten wir es den Umständen nicht erlauben, uns davon abzubringen. 1961 nahm ich die Radioverkündigung wieder auf. Zu meinem Erstaunen las ich, daß trotz des Fernsehens inzwischen Millionen mehr Radios in Gebrauch waren als bei meinem Aussteigen aus diesem Dienst und daß das Radio weltweit an Beliebtheit gewonnen hatte.

Nachdem ich dieses elende „Aber" weggewischt hatte, begann ich Schritte zu unternehmen, damit wir Radiosendungen in der ganzen Welt ausstrahlen konnten — nun in 89 Länder. Wie viele empfingen unsere Sendungen! Der Herr gebrauchte diese Radioverkündigung zur Errettung, Heilung und Befreiung von vielen in der ganzen Welt.

Wenn ich an einen anderen Platz umziehen und neu beginnen könnte ...

Manchmal mag das helfen. Aber die biblische Wahrheit ist, daß Gott möchte, daß du gerade dort Seinen Willen zu tun beginnst, wo du bist — du brauchst nicht erst auf einen neuen Platz zu warten: Sei Sein Zeuge zuerst in Jerusalem! *„Geh hin in dein Haus und zu den Deinen und verkünde ihnen, welch große Wohltat dir der Herr getan und wie Er sich deiner erbarmt hat"* (Markus 5,19).

Wenn ich die persönliche Ausstrahlung hätte wie einige ...

Der Herr will dich gebrauchen und zum Segen setzen — nicht wegen deiner dynamischen Persönlichkeit, sondern wegen deiner Hingabe an Ihn. *„Ein Mensch sieht, was vor Augen ist; der Herr aber sieht das Herz an"* (1. Samuel 16,7). Der Herr sieht dein Herz und will dich gebrauchen, wenn dein Herz rein und Ihm ergeben ist. Er wird dich salben!

Es ist natürlich keineswegs falsch, Fehler im Verhalten abzustellen und Mängeln abzuhelfen. Bitte deine Gattin, deinen Gatten oder jemand, der dir nahesteht, dir dabei zu helfen. Aber schlußendlich ist es der verborgene Mensch des

Herzens, der durch das Wort und den Geist entwickelt und gefördert wird, der dich brauchbar und wirksam für Gott macht.

Wenn ich nur nicht die Vergangenheit hätte, dann könnte ich ...

Wenn du die Bibel liest, geht dir auf, daß Gott barmherzig, geduldig und vergebungsbereit ist. Das bedeutet nicht, daß du mit Gott spielen, leichtfertig mit Ihm umgehen und Seine Vergebungsbereitschaft ausnützen sollst.

Ein junger Pastor erzählte mir: „In Geldsachen tue ich lieber Buße, als daß ich zahle!" Du kannst dir vorstellen, daß ich damit keineswegs einverstanden war und ihm klarmachte, was ihm fehlt: die heilige Furcht Gottes.

Auf der anderen Seite: Gott will deine Vergangenheit vergeben und dir einen Neuanfang schenken. Der Herr gab David, Jona, Petrus, Markus und anderen einen neuen Start.

Gott ist wirklich ein Spezialist in der Wiederherstellung: Wenn jemand aufrichtig Buße tut und sich von den Sünden der Vergangenheit abwendet, dann will Er ihn — ungeachtet der Schuld seiner Vergangenheit — wieder gebrauchen.

Wenn ich nicht versagt hätte, hätte ich den Mut, wieder neu anzufangen

Hier ist das Gedächtnis der schlimmste Feind. Diese Haltung führt kaum zum Gelingen. Furcht vor dem Versagen ist ein Werkzeug des Teufels, mit dem er Verwirrung stiften und dir einen Block vor die Füße werfen will. Jeder, der irgend etwas für Gott erreicht hat, hatte mit Entmutigungen, Fehl- und Rückschlägen zu tun. Aber als mutiger, an der Bibel ausgerichteter Christ bleibt man beharrlich und arbeitet weiter — unbeirrbar und ganz. Und so sicher, wie die Sonne jeden Morgen aufgeht, wird dir Gelingen geschenkt werden.

Vielleicht hast du dich selbst in einigen dieser elenden „wenn" und „aber" erkannt. Der Preis dieser Ausflüchte? Mangel an Erfüllung, Versagen und das Beste Gottes zu versäumen. Deshalb: Wische diese „wenn" und „aber" weg, gehe vorwärts und überwinde!

8. Kapitel

Gegen die Angst vorgehen

Als Dr. Graham meiner Frau nach der Entbindung mitteilte, daß meine kleine Tochter Jeanne Michelle mit kranken Armen und Beinen geboren wurde und eine ernste Behinderung der Atemwege festzustellen sei, gab mir der Teufel den Gedanken ein, daß sie wohl nie das Erwachsenenalter erreichen würde. Während der darauffolgenden Zeit hatte ich weiter mit der Furcht zu tun und stand in einem Glaubenskampf für Jeannes Leben und Gesundheit.

1960, an ihrem 7. Geburtstag, gingen wir die Eltern meiner Frau besuchen. Der Großvater sagte mir: „Don, ich glaube, da ist etwas wirklich nicht in Ordnung mit Jeanne. Mir scheint, es ist etwas Ernsthaftes: Tuberkulose oder irgendeine gefährliche Lungenkrankheit!"

„Ich denke, es ist alles in Ordnung", antwortete ich. „Sie ist zwar schmal und nicht so rege wie ihre Brüder und Schwestern, aber das ist eben ihre Art", versuchte ich ihn und mich zu beschwichtigen. Aber der Großvater ließ nicht locker und bat mich dringend: „Bitte, laß sie eingehend untersuchen, damit man feststellen kann, was falsch ist. Die Symptome, die ich sehe, gefallen mir gar nicht. Ich weiß, daß hier wirklich eine ärztliche Untersuchung angebracht ist!"

So brachten wir Jeanne wieder zu Dr. Graham.

Der untersuchte sie, machte Tests, Röntgenaufnahmen usw. und mußte dann Großvaters Verdacht bestätigen: Jeanne war tatsächlich von einer Lungenkrankheit befallen, deren Schwere sich aber nicht sofort beurteilen ließ. Weitere Tests waren zu machen, und deren Befunde ergaben dann, daß sie wirklich ernst und gefährlich krank war.

In den folgenden Tagen und Nächten kämpfte ich einen schweren Kampf gegen die Geister der Furcht. Während dieses geistlichen Kampfes wurde mir die biblische Erkenntnis stark bewußt, daß die Furcht nicht von Gott ausgeht, sondern im Teufel ihren Ursprung hat und eine satanische Gabe ist. Ich entschloß mich, diesen Geistern zu widerstehen. Im Namen Jesu ging ich gegen sie an und empfing Gottes überreichliche Kraft.

Während der damaligen Evangelisationsreisen nach Tulsa und Chicago blieben wir fest dabei und glaubten an eine ganze Befreiung von dieser Krankheit. Als wir in Chicago durch einen Park gingen, hielt unser lieber schwarzer Bruder A. T. Smith plötzlich an und sagte: „Bruder Gossett, ich glaube, jetzt ist die Zeit gekommen, die Befreiung der kleinen Jeanne von dieser Krankheit zu ergreifen. Laßt uns ihr die Hände auflegen und Gottes Heilung für sie empfangen."

Wir alle hielten mitten im Park an und hatten eine wunderbare Gebetsgemeinschaft. Wir waren völlig überzeugt, daß der Herr durch Seinen Geist in diesen Augenblicken Sein Werk tat.

Und Er hat es getan: Spätere Tests bei Dr. Graham und anderen Ärzten bestätigten, daß Jeanne ganz von dieser gefährlichen Lungenkrankheit geheilt worden war. Preis dem Herrn!

Während der Jahre versuchte Satan ein paarmal, mir wieder Furcht einzuflößen, indem ich Angst vor dem vorzeitigen Tod unserer Jeanne haben sollte. Aber ich hatte gelernt, ihm zu widerstehen und erlebte endgültige Befreiung von dieser diabolischen Furcht. Heute ist Jeanne verheiratet und Mutter zweier netter Kinder. Der Herr steht treu zu Seinem Wort!

Die Herausforderung der Furcht

Wir müssen uns auflehnen gegen die Furcht. Wenn wir ihr nicht widerstehen, erlauben wir dem Teufel, auf uns herumzutreten.

In 1. Samuel 17 wird uns berichtet, daß die Philister auf der einen Bergseite und die Israeliten auf der anderen standen. Der beste Kämpfer der Philister, der gewaltige Riese Goliath, forderte die Israeliten auf, einen Mann gegen ihn zu stellen: *„Ich habe heute dem Heere Israels hohngesprochen, als ich sagte: Gebt mir einen Mann und laßt uns miteinander kämpfen!"* Saul und ganz Israel fürchteten sich sehr (Verse 10-11).

David, als er in das Heerlager kam, hörte ebenfalls diese Worte Goliaths. Er konnte beobachten, wie die Israeliten reagierten: *„Und wer von Israel den Mann sah, floh vor ihm und fürchtete sich sehr."*

David konnte dieses Verhalten nicht hinnehmen. Sein älterer Bruder Eliab verspottete ihn zwar, aber David war nicht entmutigt. Er sah Gottes Absicht der Befreiung und wollte des Herrn Werkzeug sein, „die Schande von Israel abzuwenden" (Vers 26).

David machte den anderen gegenüber kein Hehl daraus, daß er mutig und zuversichtlich war und der Kraft Gottes vertraute, über Goliath zu triumphieren. Schließlich wurden auch König Saul Davids Worte überbracht, und er ließ ihn zu sich kommen. Dort versicherte er dem König: *„Seinetwegen lasse keiner den Mut sinken; dein Knecht wird hingehen und mit diesem Philister kämpfen."* Saul war jedoch von David keineswegs beeindruckt. Von seiner äußeren Erscheinung her gestand er ihm nicht die geringste Chance zu, den Sieg im Kampf mit Goliath zu erringen.

Die Kraft des Zeugnisses

David hatte etwas Herrliches erlebt und war bereit, das Erlebte zu bezeugen: Während er seines Vaters Schafe hütete, kamen ein Löwe und ein Bär heran. Durch die ihm von Gott verliehene Kraft besiegte er sowohl den Löwen als auch den Bären. Und dieser unbeschnittene Philister war fast einem dieser wilden Tiere gleichzustellen, denn er hatte das Heer des lebendigen Gottes verhöhnt.

David vertraute nicht seiner eigenen Kraft, sondern der des Herrn: *„Der Herr, der mich von dem Löwen und Bären errettet hat, der wird mich auch erretten von diesem Philister!"*

Goliath verachtete David und versuchte, ihn lächerlich zu machen. David aber erstarkte im Herrn zu Löwenmut: *„Du kommst zu mir mit Schwert, Lanze und Spieß, ich aber komme zu dir im Namen des Herrn Zebaoth, des Gottes des Heeres Israels, den du verhöhnt hast."*

Eine eindrucksvolle Lektion haben wir in diesem Bericht: David sah nicht wie ein erfolgreicher Kämpfer aus, aber er sprach wie einer. Wenn negative, pessimistische Leute ihn hätten entmutigen können, hätte er sicher von seinem Vorhaben Abstand genommen. Zuerst war es sein älterer Bruder, der ihn anfuhr, ihm Vorwürfe machte und ihm erzählte, daß es nur seine Vermessenheit und die Bosheit seines Herzens war, in diesen sogenannten Kampf zu gehen.

Dann versuchte auch König Saul, ihm alle Hoffnungen zu rauben: *„Du kannst nicht hingehen, mit diesem Philister zu kämpfen; denn du bist zu jung dazu, dieser aber ist ein Kriegsmann von Jugend auf."*

Und schließlich war es Goliath selber, der ihm die abschreckenden Worte entgegenhielt: *„Bin ich denn ein Hund, daß du mit Stecken zu mir kommst? Komm her zu mir, ich will dein Fleisch den Vögeln unter dem Himmel geben und den Tieren auf dem Felde."* Und der Philister fluchte dem David bei seinem Gott.

Aber Davids Haltung in diesen furchterwekkenden Umständen blieb die gleiche: *„Denn wer ist dieser unbeschnittene Philister, der das Heer des lebendigen Gottes verhöhnt?"* David war aufgebracht darüber, daß die Furcht die Israeliten zu solchen Feiglingen und zu einem Schauspiel der Erbärmlichkeit machte. Und so geht es auch bei uns heute: Wenn wir die Herausforderung der Furcht bewältigen wollen, müssen wir beherzt und manchmal fast trotzig sein.

In den Augen Eliabs, König Sauls und Goliaths sah David keineswegs wie ein ernstzunehmender Kämpfer aus. Aber er selbst wußte, daß er durch Gottes Gnade und Befähigung Sieger sein würde, und deshalb konnte er sich auch entsprechend äußern.

Um die Furcht zu besiegen, müssen wir mutig Gottes Fähigkeiten in Betracht ziehen. Wir müssen dem Teufel widerstehen und zitieren, was

Gott sagt und verspricht – und nicht apathisch die Waffen strecken.

Nicht nur in Worten, sondern auch in Taten

Wir können feststellen, daß David nicht nur ein Mann der Worte, sondern auch der Tat war. Die Bezeugung unseres Glaubens geht gewöhnlich dem Ergreifen des Sieges voraus. Es ist eine Tatsache, daß Worte motivieren und zu einer Aktion anspornen können.

So geschah es. Als die Zeit zum Handeln gekommen war, machte sich David auf und lief dem Philister entgegen. In seinem Herzen wußte er, daß Gott ihm den Sieg schenken würde. Er hatte vorher bezeugt, welchen Ausgang der Kampf nehmen würde. Und nun stand er dieser Situation mit Zuversicht gegenüber. Durch einen glatten Stein wurde der Riese gefällt, und mit seinem eigenen Schwert wurde er geköpft.

Weil David Gottes Werkzeug zur Überwindung der Furcht gewesen war, waren es nun nicht die Israeliten, die flohen, sondern die Philister. Der Sieg Davids zündete gewissermaßen die Herzen der Männer Israels an, so daß sie sich aufmachten, das Kampfgeschrei erhoben und den fliehenden Philistern nachjagten. Es gibt kaum einen Mann der Bibel, bei dem wir die Überwindung der Angst so bemerkenswert erfahren wie bei David!

9. Kapitel

Die Waffen im Kampf

„Denn die Waffen unseres Kampfes sind nicht fleischlich, sondern mächtig im Dienste Gottes, Festungen zu zerstören" (2. Korinther 10,4).

Satan benutzt oft den Geist der Furcht, um ihn unter dem Deckmantel annehmbarer Worte wie Bedenken, Argwohn und Besorgnis aufmarschieren zu lassen. Aber von dort beginnend kann die Furcht schreckliche Ausmaße annehmen.

Immerhin sagt uns die Bibel, daß wir nicht im unklaren über Satans Schliche und böse Absichten sein sollen; und wir sollten einsehen, daß unsere fleischlichen Waffen nicht viel taugen. Es müssen starke Gotteswaffen zur Zerstörung dieser Bollwerke eingesetzt werden.

Das Wort: die Siegeswaffe

Ich möchte dich mit Gottes unerreichter Siegeswaffe bekanntmachen, nämlich Seinem Wort. Es ist „lebendig" und „kräftig". Für jede Furcht, die uns satanische Erfindungsgabe aufzwingen möchte, haben wir eine Antwort in Seinem Wort, d. h. eine Gegenwaffe. Glaube, was Gott sagt, und du hast den Pfad der Befreiung schon betreten.

Der einfache, mutige Glaube an Gottes Wort stellt eine Waffe dar, die alles andere weit überragt: *„Vor allen Dingen aber ergreift den Schild des Glaubens, mit dem ihr auslöschen könnt alle feurigen Pfeile des Bösen"* (Epheser 6,16). Der Glaube, der sich auf Gottes Wort stellt, ist unzerstörbar und unüberwindlich.

Fürchtest du dich, untauglich zu sein?

Solche, die „ich kann das nicht" sagen, gibt es die Menge. Sie äußern sich etwa so: „Ich kann einfach kein Zeuge für Christus sein. Ich kann kein Überwinderleben führen. Ich kann nicht ..."

Wie überwinden wir eine solche Furcht vor Unfähigkeit? Indem wir die Versicherung in Philipper 4,13 ernstnehmen: *Ich vermag alles durch den, der mich mächtig macht."* Was immer der Herr wünscht, daß du es tust, dazu gibt Er dir auch die Fähigkeit und Kraft.

Möchte der Herr, daß du jemand einen Brief bezüglich seiner Errettung schreibst, dann gibt Er dir auch die Fähigkeit, diesen Brief wirksam zu schreiben, so daß er durchdrungen ist von der überführenden Kraft des Heiligen Geistes.

Möchte der Herr, daß du dich eines Kranken annimmst, dann wird Er dich mit der Fähigkeit ausrüsten, im Glauben die Hand auf ihn zu legen, und es wird besser mit ihm werden.

Möchte der Herr, daß du jemand zur Befreiung verhilfst, der unter dämonischer Besessenheit steht, dann wird Er dich befähigen, Worte der Befreiung in Jesu mächtigem Namen auszusprechen!

Fürchtest du Schwachheit?

Gott verheißt dir Kraft für jeden Tag. Deshalb stärke dich: *„Der Herr ist meines Lebens Kraft;*

vor wem sollte mir grauen?" (Psalm 27,1). Sprich es nur mutig aus: *„Die Freude am Herrn ist meine Stärke"* (nach Nehemia 8,10). Und sei so, wie es Paulus den Gläubigen in Ephesus nahelegt: *„Seid stark in dem Herrn und in der Macht Seiner Stärke"* (Epheser 6,10).

Fürchtest du dich vor einer ungewissen Zukunft?

Die Furcht vor der Ungewißheit der Zukunft ist eines der raffiniertesten Vorgehen des Widersachers. Die Furcht plagt den Familienvater mit der Ungewißheit der Versorgung der Familie. Sie quält ältere Menschen mit der Unsicherheit der fortgeschrittenen Lebensjahre. Satan spritzt die Furcht der Ungewißheit in die Herzen derer, die Geldschulden haben und fürchten, immer tiefer darin zu versinken. Wie kannst du von dieser Furcht frei werden? Indem du der Bibel glaubst und sprichst: *„Mein Gott aber wird all eurem Mangel abhelfen nach Seinem Reichtum in Herrlichkeit in Christus Jesus"* (Philipper 4,19).

Gott betrübt es sehr, wenn du Mißtrauen bezüglich deiner Versorgung und Durchbringung hast. Kein Haar fällt ohne Seinen Willen von deinem Haupte. Glaube Seinen unverbrüchlichen Zusagen.

Fürchtest du dich vor Krankheit?

Das ist eine der bekanntesten Ängste, die Unzählige in ihrem Martergriff hält. Doch Gottes ausdrücklicher Wille wird in Apostelgeschichte 10,38 festgehalten: *„... wie Gott Jesus* *von Nazareth gesalbt hat und alle gesund gemacht, die in der Gewalt des Teufels waren."* Dieser gleiche Jesus heilt heute noch. *„Er hat unsere Schwachheit auf sich genommen, und unsere Krankheit hat Er getragen"* (Matthäus 8,17).

Wenn du tatsächlich im Innersten deines Herzens glaubst, daß Jesus deine Schwachheit auf sich genommen hat und deine Krankheit trug, wird die Furcht vor Krankheit und Leiden schwinden. *„Durch Seine Wunden sind wir geheilt"* (Jesaja 53,5). Jesus möchte uns das abnehmen, was der Teufel uns auferlegt hat. David bezeugt: *„... der dir alle deine Sünden* vergibt und heilet alle deine Gebrechen" (Psalm 103,3).

Fürchtest du dich vor dem Tod?

Außerhalb Jesu ist der Tod gewiß etwas, wovor man sich zu fürchten hat. Die Bibel sagt: *„Weil nun die Kinder von Fleisch und Blut sind, hat auch Er es gleichermaßen angenommen, damit Er durch Seinen Tod die Macht nähme dem, der Gewalt über den Tod hatte, nämlich dem Teufel, und die erlöste, die durch Furcht vor dem Tod im ganzen Leben Knechte sein mußten"* (Hebräer 2,14-15).

Jesus bringt dir die herrliche Botschaft: *„Ich bin die Auferstehung und das Leben ... und wer da lebt und glaubt an Mich, der wird nimmermehr sterben"* (Johannes 11,25-26).

Die Geschichte erzählt uns von einer Zeit, wo in Armenien ein fremdes Volk einfiel und die Christen Verfolgung erlitten. An einem Tag wurden 40 armenische Christen hinausgeführt, um nacheinander erschossen zu werden. Man versprach ihnen, daß sie, wenn sie Jesus absagten, verschont würden. Nacheinander wurde jeder einzelne befragt. Alle sagten „Nein" und wurden erschossen, einer nach dem anderen. Dann kam schließlich der letzte Mann an die Reihe. Als sie ihn fragten, ob er bereit sei, Jesus abzusagen, antwortete er mit einem „Ja". Ihm wurde nichts angetan.

Der Mann jedoch, der die Christen zu erschießen hatte, ging auf diesen letzten Mann zu, händigte ihm sein Gewehr aus und sagte: „Nimm meinen Platz ein, ich nehme den deinen ein!" Und dann rief er den anderen zu: „Ich möchte euch sagen, warum ich dies tue: Ich stand vorn und habe 39 Männer erschossen. Und jedesmal, nachdem ich geschossen hatte, sah ich einen weißen Engel herunterkommen und eine Krone auf das Haupt des Erschossenen legen. Ich sah den vierzigsten Engel mit der Krone herunterkommen, aber der vierzigste Mann fürchtete sich und verleugnete Christus. Ich möchte diese Krone. Der Engel steht hier. Ihr könnt mich erschießen, denn ich nehme Jesus Christus und die Krone an."

„Sei getreu bis an den Tod, so will Ich dir die Krone des Lebens geben" (Offenbarung 2,10).

Fürchtest du Unheil und Unglück?

Fürchtest du das Böse, weil es mit der furchterregenden Gebärde eines Goliath kommt? Keiner kann das Böse, das uns finster anstarrt, ignorieren, aber wir brauchen uns nicht davor zu fürchten. In Jesus Christus haben wir die göttliche Autorität und Vollmacht, gegen alles Böse vorgehen zu können.

Schau dir den 91. Psalm an, der von dem

Zufluchtsort spricht, den wir in unserem Herrn haben, wo uns keine Pest befallen und nichts Übles geschehen wird. Ein deutscher Arzt sagte einmal, daß dieser Psalm der beste Schutz in Zeiten der Krankheit sei, wobei er die Cholera meinte.

Die Wahrheiten dieses Psalms sind sozusagen die himmlische Medizin gegen Pest und Seuche, denn sie offenbaren den ewigen Beschützer mit Seiner Regentschaft über alles. Die überirdische, himmlische Armee umgibt die, die ihr Vertrauen auf den Sohn Gottes setzen.

Dann kannst auch du nach Psalm 23 sagen: *Ich fürchte kein Unglück, denn Du bist bei mir."* Welche Kraft und welchen Mut können wir doch aus solchen Worten schöpfen! Im Lichte des Wortes Gottes brauchen wir nicht ein Opfer der Furcht zu werden. Geh in das Wort Gottes hinein und laß es in dich hineingehen!

Satan kann dem Wort Gottes nicht widerstehen und ihm nichts entgegensetzen. Es war das Wort, das Jesus so wirksam benutzte, als Er vom Teufel versucht wurde. Das Wort sagt: *„Denn der in euch ist, ist größer als der, der in der Welt ist"* (1. Johannes 4,4). Furcht kommt von Satan. Kraft, Liebe und Besonnenheit von Gott. Sage mit David: *„Als ich den Herrn suchte, antwortete Er mir und errettete mich aus aller meiner Furcht"* (Psalm 34,5).

Noch eine mächtige Waffe gegen die Furcht

Ich habe schon oft erzählt, daß ich in meiner Anfangszeit als Christ von verschiedenen Ängsten geplagt wurde. Ich muß bekennen, daß ich während jener Zeit nicht in der mächtigen Lebensdimension lebte, die mich kühn im Geist werden ließ.

Als ich täglich das Wort las, lernte ich die Wichtigkeit des mutigen Bibelauslebens erkennen. Aber dann kam der Tag, wo ich mich vor die Frage gestellt sah: „BIN ICH GEISTERFÜLLT?"

Nun, ich wußte, daß es das Werk des Heiligen Geistes war, mich zur Errettung zu führen und damit zur Wiedergeburt, so daß ich ein Kind Gottes wurde. Aber wurde ich mit dem Geist erfüllt? Einige Brüder im Dienst gaben mir zu verstehen, daß ich dies schon als gegeben betrachten könne. Andere aber verneinten es und sahen es nicht so. Ich entschied mich, die Bibel zu lesen und selbst darüber Klarheit zu bekommen.

Dies führte mich zu einem eingehenden Studium der großen Passagen der Apostelgeschichte, die vom Kommen des Heiligen Geistes an Pfingsten, im Haus des Kornelius und in Ephesus berichten. Ich gewann die Überzeugung, daß ich ebenso mit dem Geist erfüllt werden konnte.

Es schien mir sogar wichtig, nicht weniger als die Apostel, die Mutter Jesu und die vielen anderen zu empfangen. Ich preise Gott dafür, daß Er mich auf meiner Suche nach geistlicher Befähigung mit dem Heiligen Geist erfüllt hat und daß ich in anderen Zungen zu sprechen begann, wie der Geist es mir eingab.

Das war ein wichtiger Punkt in meinem Leben, der mich von meiner alten Zaghaftigkeit, Ängstlichkeit und Unwilligkeit losmachte, die mich damals zurückhielt.

Die kraftvolle Erfüllung mit dem Heiligen Geist ist etwas für jeden Gläubigen, ob nun Prediger oder nicht. Ich will keine theologische Debatte darüber führen, ob es gut ist, in anderen Zungen zu sprechen. Ich fordere dich nur auf zu betrachten, wie in der Frühzeit der

Gemeinde in Kühnheit, Kraft und Wirksamkeit gedient wurde. Wenn Gott nicht die Person ansieht, können wir auch haben, was jene hatten.

Schau dir Petrus an: Der von Angst gepackte Petrus hatte gerade vor ein paar Tagen bei Jesu Gefangennahme feige geleugnet, den Herrn zu kennen und hatte angefangen, sich zu verfluchen und zu schwören. Aber jetzt sehen wir ihn am Pfingsttag mit unerklärbarer Kraft dastehen und befähigt, eine Botschaft an die Versammelten zu richten, die an einem Tag 3.000 Seelen der Gemeinde zuführte. Die Taufe im Heiligen Geist ist wahrhaft eine mächtige Waffe gegen das Leben in Angst.

Weitere Waffen

Hier noch ein paar andere geistliche Waffen gegen die Furcht, wie sie Bruder Fred Greve uns nahelegt:

1. Wenn du dich fürchtest, wende dich dem Heiland zu.

Es stimmt keineswegs, daß sich ein Christ niemals fürchtet, aber es stimmt, daß ein Christ der Furcht niemals allein gegenübersteht. Er hat einen Heiland. Erlöste Leute haben eine Person, keine Theorie. Deshalb: Wenn du noch nicht Christ bist, dann suche Jesus als deinen Heiland und Erretter gerade jetzt. Bitte Ihn um Vergebung deiner Schuld und übereigne dich Ihm. Vertraue dich Ihm an mit allem, was du hast und bist. Dann ist durch Sein Blut alles getilgt, was gegen dich steht. Wenn Jesus dein persönlicher Heiland ist, brauchst du keine Furcht mehr zu haben.

2. Wenn du dich fürchtest, bete.

Als die Jünger mit ihrem Schiff in den Sturm gerieten, schrien sie laut: „Herr, hilf, wir kommen um!" Wenn wir uns in einer verzweifelten Situation befinden, werden wir durch bloße Willenskraft und Selbstdisziplin nur Fehlschläge erleben; wir müssen um Hilfe rufen! Manche mögen denken, heute sei es angebracht und zeitgemäß, sich über die Ängste zu unterhalten und sich darüber auszudiskutieren; aber es ist unendlich besser, sie loszuwerden!

3. Wenn du dich fürchtest, singe.

Paulus und Silas, nicht wissend, was kommen würde, sangen im Gefängnis und lobten Gott. Das ist nicht mit dem Pfeifen im Dunkeln zu vergleichen, mit dem sich manche Selbstvertrauen geben wollen. Hier wird Gott geehrt, und deshalb erfuhren Paulus und Silas auch Seine Hilfe und wurden auf wunderbare Weise aus dem Gefängnis befreit.

Denken wir an Josaphat von Juda, der sich drei großen Armeen gegenüber sah. In 2. Chronik 20,22 lesen wir, wie sie Gott Lobpreis zukommen ließen: *„Und als sie anfingen mit Danken und Loben, ließ der Herr einen Hinterhalt kommen über die Ammoniter und Moabiter und die vom Gebirge Seir, die gegen Juda ausgezogen waren, und sie wurden geschlagen."* Auch bei uns wird die Furcht weichen, wenn wir Gott loben, und uns der Herr im Lobgesang nahe ist.

4. Wenn du dich fürchtest, lies die Bibel.

Die Bibel ist Wahrheit. Durch Jahrhunderte haben Millionen Hilfe und Gewißheit aus ihren Aussagen erhalten. Es ist uns eine Erleichterung, wenn wir lesen, daß die Leute der Bibel ebenfalls Probleme hatten. Sie hatten auch Ängste und erlebten Niederlagen und Versagen. Aber diese Glaubensmenschen wurden keine Sklaven der Furcht, sondern sie wurden der Furcht Herr. Es ist nicht ungewöhnlich, Angst zu empfinden, aber es ist ein Unglück, sie nicht mehr loszuwerden, weil wir Gottes geplante Hilfe nicht annehmen.

5. Wenn du dich fürchtest, diene dem Herrn.
Die praktische Erfahrung lehrt, daß dann, wenn wir uns mit guten Dingen beschäftigen, die bösen Dinge keinen Raum finden. Persönliche Ängste verschwinden oft, wenn wir anderen in Not helfen. Sieghafte Heilige sind Personen – obwohl auch nur Menschen und der Furcht ausgesetzt –, die sich in den Dienst Gottes stellen und dabei wenig Zeit haben, sich mit ihren Sorgen und Ängsten zu beschäftigen. Ihr Augenmerk ist auf die Sache des Herrn gerichtet.

6. Wenn du dich fürchtest, vertraue Gott.
Das ist ein starkes Wort. Vertrauen bedeutet, sich Gott willig zu überlassen und darauf zu bauen, daß Er alles in Händen hat und auch deine Sache richtig hinausführt. Das Vertrauen erlebt die Bestätigung der Wahrheit des Wortes.

Vertrauen sagt nicht: „Ich wünschte mir, daß Gott mir helfen würde!", sondern es spricht: „Gott hilft mir!" Wenn dich Furcht befällt, dann halte dich daran: *„Der Herr ist mein Helfer"* und *„Der Herr ist mit mir."*

Die Verheißungen Gottes können nicht anders als in positiver Sprache ausgedrückt werden: *„Denn auf alle Gottesverheißungen ist in Ihm das Ja; darum sprechen wir auch durch Ihn das Amen, Gott zum Lobe"* (2. Korinther 1,20).

Inmitten der Spannungen unserer Tage, die sich durch die Sünde der Welt ergeben, schaut der Gläubige zu Jesus auf und weiß, daß die Erlösung nahe ist.

10. Kapitel

Die Furcht vor dem Versagen überwinden

Während ich dieses Kapitel schreibe, befinde ich mich auf Antigua, einer Insel der Kleinen Antillen im Karibischen Meer. Vor Jahren war es gerade hier, daß meine Frau und ich einen unserer ernsthaftesten Rückschläge erlebten.

Während der ersten 15 Jahre unseres Dienstes waren wir ganz auf die Arbeit in Kanada und den Vereinigten Staaten konzentriert, aber dann lenkte unser Herr Anfang 1964 unsere Blicke auf das reife Erntefeld der Welt. Wir nahmen Radiosendungen von einer Station in Puerto Rico aus auf. Daraufhin erfolgten Einladungen für Evangelisationsversammlungen. Joyce und ich fühlten uns geehrt und beinahe heroisch, als wir an Bord eines Flugzeuges der Air Canada gingen, um zu den Kleinen Antillen zu fliegen.

Unser erster Halt war auf der Insel Antigua. Ich hatte mir das Buch „Sehen Sie sich die Karibik an — für 5 Dollar am Tag" gekauft. In diesem Buch war ein Hotel „St. Johns" aufgeführt. Bemüht, soviel Geld wie möglich zu sparen, ließen wir uns ein Zimmer in diesem „5 Dollar-pro-Tag-Hotel" reservieren. Wir kamen mitten in der Nacht an, und ein Taxi brachte uns zu diesem alten Hotel. Nachdem wir uns eingeschrieben hatten, wurden wir beim Licht einer Kerze nach oben geführt.

Die Zimmer des Hotels hatten Trennwände, die aber nicht bis zur Decke hochreichten. Trotz der mangelhaften Unterkunft waren wir nicht enttäuscht, sondern auf- und angeregt darüber, daß wir nun in eine neue Phase des Rufes Gottes eintreten würden. Weil wir erst ungefähr um 2 Uhr morgens ins Bett kamen, waren wir völlig überrascht, welcher Lärm schon nach drei Stunden zu uns heraufdrang. Die Leute der Karibik sind bekannte Frühaufsteher, und so war schon um 5 Uhr die Straße vom Lärm der Leute und Tiere erfüllt. Trotzdem klappte alles gut an diesem ersten Tag, an dem wir mit vielen Leuten der Insel bekannt wurden und hören durften, daß wir hier zahlreiche begeisterte Hörer unserer täglichen Sendungen hatten.

In der folgenden Nacht jedoch fingen die echten Probleme an. Während wir in dem schmuddeligen Hotel unter einem Moskitonetz schliefen, bekam ich hohes Fieber. (Später wurde festgestellt, daß mein Zustand eine heftige Reaktion auf die Pockenimpfung war, der wir uns noch in Kanada unterziehen mußten.) Ich kam ins Delirium und fühlte abwechselnd Kälteschauer und Hitzewellen. Am nächsten Morgen war ich sehr geschwächt und erschöpft.

Trotzdem packten wir unsere Sachen zusammen, um zu der Insel zu reisen, wo wir unsere erste Veranstaltung des Evangeliumsfeldzugs hatten. Aber plötzlich setzte bei mir ein unkontrollierbares Nasenbluten ein. Die Besitzerin des Hotels, in dem wir wohnten, dachte ich würde sterben. Sie hatte schreckliche Angst und bat meine Frau, mich aus dem Hotel zu nehmen, denn sie wollte keinen Toten in ihrem Haus.

Ein Missionar aus New York hatte uns zu der ersten Evangelisationsveranstaltung auf der Insel eingeladen. Ein Telefonanruf ergab jedoch, daß er plötzlich nach New York abgereist und nicht erreichbar war. Nachdem nun dieses weitere Problem bestand, und die zweite Station unseres Feldzugs erst ein paar Tage später fällig war, blieben wir weiter in Antigua.

Dort hatte ich in den nächsten Tagen ständig Fieber und Bluten. Unter diesen Umständen schien es uns unmöglich, die Evangelisation abhalten zu können, so daß wir uns angesichts dieser Widrigkeiten entschlossen, den ganzen Feldzug abzublasen und nach Hause zu reisen.

Daheim angekommen, hatten meine Frau und ich noch etliche Wochen an Darmblutungen zu leiden. Trotzdem blieb uns das Bewußtsein erhalten, daß wir von Gott für Evangelisationsdienste in Übersee berufen waren.

Im Jahr darauf erhielten wir wieder eine Einladung zur Evangelisation in Antigua – diesmal von 29 Gemeinden der Evangelical Association. Große Ängste begannen mir zuzusetzen. Was, wenn ich nach Antigua käme und wieder in so ein Mißgeschick hineingeriete? Was, wenn ich körperliche Schwierigkeiten bekam wie letztes Mal? Die Furcht vor erneutem Versagen bedrängte mich stark, als wir uns mit der Planung befaßten.

Ich versuchte, die geistlichen Waffen einzusetzen, um dieser verheerenden Furcht zu begegnen, die mich immer wieder an die erlittene schmähliche Niederlage und an das Üble, das wir damals durchmachten, erinnerte.

Wir entschieden uns trotzdem, die Einladung anzunehmen und führten die Evangelisation durch – und kehrten heim als Sieger über die Furcht vor Versagen, Krankheit und Unglück. Der Evangelisationsfeldzug war – zur Ehre und zum Lob unseres Herrn gesagt – überaus erfolgreich. Zwischen 8000 und 17000 Menschen besuchten die Veranstaltungen. Und dieser Feldzug wurde der Beginn für viele weitere in der Karibik. Nun sind wir wieder hier auf Antigua, 15 Jahre nach unserer ersten Reise, und dürfen im Triumph des Glaubens leben.

Wir überwanden die Ängste, die uns befallen hatten, indem wir uns auf die Verheißungen Gottes stellten, die uns Befreiung von Angst zusagen. Das bedeutet natürlich nicht, daß wir nie mit Kräften zu tun hatten, die sich uns entgegenstellten. Satan hatte sich wahrscheinlich gedacht, wenn er uns nach dem ersten Rückschlag nochmals entmutigen könnte, würde das möglicherweise bedeuten, daß wir nie mehr in seine Bereiche in Übersee eindringen würden.

Aber die uns bangemachende Furcht vor Versagen, die nach dem ersten Fehlschlag versuchte, uns alle Hoffnung zu rauben, war eine Kraft, mit der wir rechnen mußten. Wir hielten das Zeugnis des Wortes dagegen und wurden durch die Vollmacht Seines Namens Sieger.

11. Kapitel

Der Preis der Furcht

Viele Menschen kommen aufgrund ihrer finanziellen Situation in Ängste. Manche fürchten die Möglichkeit einer großen Inflation, andere eine schwerwiegende Rezession, und wieder andere fürchten beides.

So oft nimmt Satan die finanziellen Nöte des Lebens zum Anlaß, um uns mit Furcht zu quälen, uns damit zu umstricken und uns allerlei Schwierigkeiten zu bereiten. Auch in den Geldangelegenheiten dürfen wir Gott vertrauen. Es ist kein Wunder, daß die Furcht vor einem finanziellen Desaster breiten Raum gewinnt, wenn du Gott außer acht läßt.

Ich möchte dich Anteil daran haben lassen, wie es einem Geschäftsmann erging, der schließlich diese Quälgeister der Furcht überwand. Der Mann führte schon etliche Jahre ein Geschäft und war recht erfolgreich. Aber dann kam er so in Schwierigkeiten, daß er einen finanziellen Zusammenbruch fürchtete. Ich möchte sein Zeugnis so wiedergeben, wie er es selbst niedergeschrieben hat:

„In einer Kleinstadt von ungefähr 5000 Einwohnern betrieb ich 35 Jahre lang ein Kleidergeschäft. Mein Sohn und meine Tochter studierten und waren finanziell von mir abhängig. Da geschah es, daß ich durch einen Banken-

Zusammenbruch meiner ganzen Mittel beraubt wurde und auch meine Kreditmöglichkeiten abgeschnitten waren. Ich stand mit dem Rücken zur Wand, und das einzige, was übrig blieb, war, Bankrott anzumelden.

Meine Frau und ich wurden ins Gebet getrieben, und wir hefteten unseren Glauben an solche Verse wie Jesaja 41,10: *„Fürchte dich nicht, denn Ich bin mit dir; weiche nicht, denn Ich bin dein Gott. Ich stärke dich, Ich helfe dir auch; Ich halte dich durch die rechte Hand Meiner Gerechtigkeit."*

Dann kam der Augenblick, wo unser Glaube geprüft wurde. Es war ein heißer, schwüler Tag im August. Als ich das Haus verließ, gab mir meine Frau einen Abschiedskuß und sagte mir, während sie mich am Mantel festhielt: ‚Nun, Lieber, sorge dich nicht. Gott wird für uns sorgen — auf irgendeine Art!' Aber ich konnte wirklich keinen Ausweg mehr sehen. Ich fuhr zum Amtsgericht und unterzeichnete um 10 Uhr morgens den Antrag auf Eröffnung des Konkursverfahrens. Danach ging ich zurück in mein Geschäft.

Zur Mittagszeit gingen unsere Angestellten zum Essen, so daß ich nun allein im Geschäft war. Ich dachte an die vielen Jahre der Mühe und Arbeit, an die Jahre des Gedeihens, an das Auf und Ab im Geschäftsleben. Nun würde ich von allen Plänen und Träumem Abschied nehmen müssen und würde ohne Arbeit und Geld dastehen.

Ich dachte an meine liebe Frau, die mir in all den Jahren treu zur Seite gestanden hatte, und an meinen Sohn und meine Tochter, deren Studium nun abgebrochen werden mußte. Aber dann begann ich Gott zu danken und zu preisen für unsere Gesundheit und all die anderen Dinge, für die wir dankbar sein konnten und dafür, daß wir uns auch jetzt auf Ihn verlassen konnten — bei einem neuen Start. Die Furcht wich.

Und dann, um 12.15 Uhr, kam der Bote Gottes herein — ich sage das ehrfürchtig — in der Gestalt des Chefs unserer Konkurrenz-Firma. Er kam kaum in den Laden, wir hatten auch nicht die gleiche soziale und religiöse Ebene, und wir waren sozusagen nur entfernte Bekannte.

Er kam auf mich zu und sagte: ‚Wie geht es Ihnen, ich habe gehört, Sie hätten Konkurs angemeldet?' Ich antwortete ihm, daß dies leider den Tatsachen entspreche.

Er schaute mich fragend an: ‚Gibt es denn keinen anderen Weg?'

‚Ich kann keinen sehen', war meine Antwort.

‚Wir können das einfach nicht zulassen', fuhr er fort. ‚Sie haben doch eines der führenden Geschäfte der Stadt!' Schweigend langte er in seine Tasche, händigte mir einen Scheck aus und fragte: ‚Würde das die Situation grundlegend ändern?'

Nachdem ich den Betrag gelesen hatte, war ich wie betäubt, bekam Tränen in die Augen und sagte: ‚Ja, ich bin sicher, damit wäre alles gelöst!'

Von allen Freunden in der Stadt war er der letzte, von dem ich erwartet hätte, daß er so etwas tun würde. Den anderen tat es leid, sie fühlten mit. Aber er drückte sein Mitgefühl in Geld aus!

Wer hatte es dem Mann aufs Herz gelegt, in diesem entscheidenden Augenblick mir zu Hilfe zu eilen? Niemand anders als Gott! Die ganze Zeit wachte Er über mir und wartete darauf, daß ich mich nicht länger von der Angst beherrschen ließ, sondern mein Vertrauen auf Ihn setzte. Dann beantwortete Er meinen Glauben auf diese aufregende Weise.

Die Jahre, die darauf folgten, waren sehr erfolgreich, und das Geschäft gedieh. Mit Gottes Hilfe war ich bald in der Lage, meinem Konkurrenten alles zurückzuzahlen, natürlich mit Zinsen.

Charles Clifford Wescott"

Ein Weg, der Furcht vor einem finanziellen Zusammenbruch zu entgehen, ist uns in Maleachi 3,8-11 aufgezeigt:

„Ist's recht, daß ein Mensch Gott betrügt, wie ihr Mich betrügt! Ihr aber sprecht: ‚Womit betrügen wir Dich?' Mit dem Zehnten und der Opfergabe! ... Bringt aber die Zehnten in voller Höhe in mein Vorratshaus, auf daß in Meinem Hause Speise sei, und prüft Mich hiermit, spricht der Herr Zebaoth, ob Ich euch dann nicht des Himmels Fenster auftun werde und Segen herabschütten die Fülle. Und Ich will um euretwillen den ‚Fresser' bedrohen, daß er euch die Frucht auf dem Acker nicht verderben soll und der Weinstock auf dem Felde euch nicht unfruchtbar sei, spricht der Herr Zebaoth."

Indem wir uns auf das Wort Gottes stützen, Ihm gehorchen und unseren Zehnten und Opfer geben, können wir Angriffe des „Fressers" auf unsere Finanzen verhindern.

Alexander H. Kerr bekehrte sich unter dem Dienst Dwight L. Moodys im Alter von 14 Jahren und schloß sich der Presbyterianischen Kirche in Philadelphia an. Im Jahre 1902 las er das Buch von Bischof Allen „Judas Zepter und Josephs Geburtsrecht", in dem von dem Eid Jakobs zu lesen war, den er in 1. Mose 28,22 schwor; *„Und von allem, was Du mir gibst, will ich Dir den Zehnten geben!"*

Zwanzig Jahre später kehrte derselbe Jakob in seine Heimat zurück mit Dienern und Vieh in großer Zahl. Er wurde einer der reichsten Männer der Gegend — als Ergebnis dessen, daß er den Bund des Zehnten mit dem Herrn, seinem Gott, hielt.

Mit einigen Zweifeln, aber mit dem aufrichtigen Wunsch zu erfahren, ob die Bibel die Wahrheit sagt und Gott heute noch Seine Verheißungen an den Menschen erfüllt, schloß Kerr am 1. Juni 1902 einen besonderen Bund mit Gott, immer 10 Prozent seines Einkommens für das Werk des Herrn zu geben. Zu der Zeit hatte er eine Hypothek auf seinem Haus und noch etliche andere Verpflichtungen, so daß es ihm finanziell gar nicht rosig ging. Aber er war entschlossen, Gott auf die Probe zu stellen und das zu tun, was Jakob tat.

Außerdem hatten ihn noch folgende Schriftstellen angesprochen: Sprüche 3,9-10; 3. Mose 27,30-32; 1. Mose 14,20; 13,2 und besonders Maleachi 3,7-18.

Drei Monate, nachdem Kerr begonnen hatte, den Zehnten zu geben, erfuhr er unerwartete Segnungen — so stark, daß es ihm schien, daß Gott ihm damit die Augen öffnen wolle für Seine Liebe und Seine Treue zu Seinen Verheißungen, besonders in bezug auf den Zehnten.

„EUCH GESCHEHE NACH EUREM GLAUBEN" (Matthäus 9,29).

In demselbem Jahr gründete Kerr, mit sehr wenig Kapital, aber mit einem starken Glauben an Gottes Verheißungen bezüglich des Zehnten, eine Firma, nämlich die Kerr Glass Manufacturing Company, die einer der größten Einmachgläser-Hersteller der Vereinigten Staaten wurde.

Die Gläser wurden in San Francisco hergestellt. Dann kam die Zeit, wo San Francisco von einem großen Erdbeben heimgesucht wurde. Kerr hatte praktisch jeden Cent, den er hatte, in sein Unternehmen gesteckt, und nun schien alles vernichtet. Seine Freunde kamen zu ihm: „Kerr, so ein Pech, du bist ein ruinierter Mann, du tust uns leid!" Er entgegnete: „Ich glaube es nicht. Ich vertraue Gottes Verheißungen." Er rief in San Francisco an und erhielt folgende Auskunft: „Ihre Firma befindet sich inmitten des Erdbebenherdes und ist unzweifelhaft zerstört worden. Das Feuer hat so um sich gegriffen, und die Hitze war so groß, daß es uns erst in einigen Tagen möglich ist, etwas Näheres herauszufinden."

Das war eine Prüfungszeit für Kerr, aber sein Glaube wankte nicht; er hielt sich fest an die Verheißung in Maleachi 3,11. Ungefähr eine Woche nach dem Erdbeben und dem Feuer erhielt er ein Telegramm: „Ihre Fabrik ist wunderbar verschont geblieben, aber sonst ist alles im Umkreis von 3 km abgebrannt."

„GOTTES WORT WIRD NICHT LEER ZURÜCKKOMMEN" (Jesaja 55,8-11).

Kerr nahm unverzüglich einen Zug nach San Francisco. Die Fabrik war ein zweistöckiges Gebäude, in dem große Tanks untergebracht waren, wo das Glas geschmolzen wurde. Die Tanks standen unter einer großen Hitze, wobei Öl als Brennstoff verwandt wurde. Deshalb war das Gebäude eines der leichtentflammbarsten der Gegend.

Alles, was sich um die Fabrik herum befand, war ein Opfer der Flammen geworden — bis zum Holzzaun, der die Fabrik umgab, und der noch angesengt wurde. Die Flammen müssen praktisch um das Gebäude herum und über es hinweg gegangen sein. Während sonst alles niedergebrannt war, stand dieses Gebäude unversehrt, und kein einziges Glas war zersprungen.

Das war nichts anderes als ein Wunder der göttlichen Macht. Der Herr beschützte den Besitz dieses Mannes, der im Glauben an die Verheißungen nicht wankend wurde und fest Gott vertraute.

1912 schrieb Kerr sein erstes Heftchen mit dem Titel „Gottes Mittel gegen Armut". Dann brachte er noch ein anderes heraus: „Gottes liebende Geld-Ordnung und dein finanzielles Wohlergehen". Jedem Behälter mit Einmachgläsern, der die Fabrik verließ, lag dieses Heftchen bei. Von jedem Geschäft, an dem er beteiligt war, wurde der Zehnte gegeben. Das war so viel, daß er einen Zehnten-Fonds bildete. Seine Gaben aus dem Zehnten gingen in die ganze Welt, denn es war ihm ein Anliegen, daß überall Testamente, Evangelien und Evangeliumsliteratur verbreitet wurde.

Fürchtest du dich in finanzieller Hinsicht? Hast du Angst, zu viel wegzugeben? Laß dir vom Herrn die Angst vor einem finanziellen Zusammenbruch nehmen, der dir vor Augen steht, an dir nagt und dir den Schlaf raubt. Laßt uns beten:

„Vater, ich bitte Dich in Jesu Namen, daß Du alle, die sich mit mir in diesem Gebet vereinen, von der Furcht vor einem finanziellen Fiasko frei machst. Du kennst diese Ängste, wo man fürchtet, daß nicht genug Geld da ist, die Rechnungen zu bezahlen, wo man davor bangt, mit dem Geld nicht zurechtzukommen, wo man sich Sorgen macht, Bankrott anmelden zu müssen, wo man davor zittert, brotlos zu werden. Ich bitte Dich, greife Du ein, bringe Befreiung in diese Leben und löse die Verstrickungen, damit dieser Geist der Furcht vertrieben wird, denn Du hast gesagt: ‚*Fürchte dich nicht, Ich bin mit dir!*' Danke, Herr, für Dein Eingreifen. Amen."

12. Kapitel

Eine größere Kraft als die Furcht

Ray Anderson war erst zwei Monate bekehrt, als er und seine Frau zwei Jahre auf eine Bibelschule gingen. Nachdem sie im Wort Gottes gegründet waren, vernahmen sie Gottes Ruf nach Afrika. Sie wußten, daß ihre Bedürfnisse und Nöte genauso wirklich sein würden wie Gottes Berufung und Versorgung. Sie waren sich im klaren darüber, daß sie dort allerlei Krankheit und dämonischer Macht begegnen würden, aber sie gingen mutig vorwärts im Herrn.

Ray und Ellen hatten keinen Zweifel, daß Gott sie nach Afrika gerufen hatte. Obwohl sie dem Ruf Gottes nachgekommen und gehorsam waren und dies auch ein Gehen durch das finstere Tal bedeuten konnte, erwarteten sie doch nicht, daß dieses dunkle Tal so schnell Wirklichkeit werden würde.

Viele Dinge erinnerten sie daran, daß sie sich in Afrika befanden. Die schwarze Hautfarbe der Einwohner. Die Marktplätze. Die ganz andere Kultur. Und dann die abendlichen Geräusche, die ganz fremdartig für ihre Ohren waren: Trommeln, Singen und sogar manchmal das Brüllen eines Löwen oder das Trompeten eines Elefanten. Auch die Gerüche konnte man nicht verkennen noch vergessen. Daß sie sich in einem anderen Land befanden, wurde ihnen auch immer wieder an der unterschiedlichen Art der Speisen bewußt.

Aber bald hatten sie sich an die Umstände gewöhnt. Sie konzentrierten sich darauf, einheimische Pastoren auszubilden, die dann den Dienst unter ihren eigenen Leuten tun konnten.

An einem Tag erhielt Ray die Nachricht, daß einer der einheimischen Pastoren das Fahrrad verkauft hatte, das ihm zur Ausbreitung des Evangeliums leihweise überlassen worden war. Etwas zu verkaufen, was ihm nicht gehörte, machte ihn zum Dieb, und Stehlen wurde als ernstes Vergehen betrachtet. So etwas konnte eine Gefängnisstrafe einbringen.

Ray, als leitender Missionar, unterbrach seine Arbeit, um gleich herauszufinden, wo der Pastor war und wo sich das Rad befand. Nachdem er den Verlust des Fahrrads gemeldet hatte, hielt man es für angebracht, daß Ray mit seinem Übersetzer und zwei Polizisten zu dem Pastor fuhr, damit die Angelegenheit unter Aufsicht behandelt werden konnte. Natürlich wollte man zuerst versuchen, ohne den Einsatz der Beamten die Sache zu regeln.

Man fuhr also durch den Busch und stand nach einiger Zeit vor der Hütte des Pastors. Es schien, als hätte er auf sie gewartet. Ray sprach mit ihm und hoffte, daß dieser ihm sagen würde, wo sich das Fahrrad befand und so die Sache schnell erledigt werden konnte. Aber der Pastor gab keinerlei Auskunft.

„Es würde für dich viel einfacher sein, wenn du uns erzählst, wo das Fahrrad jetzt ist", riet ihm Ray. Aber der Einheimische war nicht zum Reden zu bringen.

Die Beamten wurden ungeduldig: „Wir bringen ihn zum Auto und nehmen ihn mit!"

Ob diese Worte der Auslöser für seine Wut

waren oder ob ein böser Geist sich seiner bemächtigte? Er wurde auf jeden Fall sofort gewalttätig. Zuerst schlug er einem der Beamten die Faust ins Gesicht, und dann schrie er: „Heute gibt es ein Blutbad!"

Er rannte in seine Hütte und verschloß die Tür. Die Beamten versuchten vergeblich hineinzukommen. Plötzlich stürmte er aber wieder zur Tür hinaus und hatte einen Speer in seinen Händen, dessen Spitze mit Gift bestrichen war. Er war von großer Gestalt und ein ausgezeichneter Speerwerfer. „Ich werde euch umbringen", schrie er.

„Lauf schnell weg", rief der Übersetzer Ray zu, „der macht dich wirklich tot. Er meint es ernst!"

Der Einheimische war inzwischen zum Busch gerannt und hielt sich dort verborgen. Ray, der nicht wußte, wo sich der wütende Mann nun befand, war damit zu einer guten Zielscheibe für diesen geworden, und er erkannte, daß er sich so schnell wie möglich in Sicherheit bringen mußte. Plötzlich überfiel ihn große Frucht, wie er sie noch nie in seinem Leben verspürt hatte. Er rannte blindlings zu seinem Auto.

Sekunden später kam der Einheimische aus dem Busch heraus und war hinter ihm her. Sein muskulöser Körper war ohne weiteres imstande, den Speer auch auf größere Entfernung in Rays Körper zu bohren.

Ray fiel hin, erhob sich wieder und rannte weiter. Wieder fiel er hin, weil seine Füße auf dem nassen Gras ausrutschten. Er war gerade am Auto angekommen, als er den Kopf zurückwandte und sah, wie der Speer die Hand des Mannes verlassen hatte. Er hatte ihn unter gewaltigem Krafteinsatz geworfen. In den Sekundenbruchteilen, in denen der Speer in der

Luft war, riß Ray schnell die Tür des Autos auf, wobei er wieder stürzte. Der Speer durchschlug die Tür und fuhr Ray in die Seite. Die Tür hatte jedoch dem Speer die größte Wucht genommen, so daß Ray nur leicht verletzt wurde, und die Blutung nicht sehr stark war.

Ray merkte, daß er mit dem Auto nicht mehr rechtzeitig wegkommen würde und rannte deshalb wieder vom Auto weg. Der Einheimische war inzwischen beim Auto angekommen, zog den Speer aus der Tür und war aufs neue hinter dem Missionar her, der weiter um sein Leben lief. Die Angst war überwältigend. Er hatte Dämonen ausgetrieben und in vielen Situationen gestanden, wo großer Mut nötig war, aber diesmal war die Furcht von einer solchen Kraft, daß er damit nicht fertig wurde. Er schluchzte und rief:

„Hilf mir, Jesus! Gott, hilf mir!"

Es war unerklärbar, was nun geschah. Ray, dessen Körper total erschöpft war, wurde mit Glauben erfüllt. Es war, als ob er sich wachsen sah, und er immer größer und stärker wurde. Er hatte aufgehört zu laufen und sich zu seinem Feind umgedreht. Er schaute ihm ins Gesicht und schrie:

„Jesus! Jesus! Jesus! Jesus!"

Ray bebte unter der Kraft, die auf ihn gekommen war. Er stand nun seinem Feind ohne Furcht gegenüber. Der Einheimische hielt auch an. Er war es nun, der plötzlich von Angst befallen dastand. Der Speer fiel aus seiner Hand — ähnlich wie ein Kind sein Spielzeug fallen läßt. Damit war das schreckliche Schauspiel vorüber.

Ray Anderson sah diesen einheimischen Pastor nur noch einmal, als er um Vergebung bat und sie zusammen weinten und beteten. Dann verschwand der Mann und wurde seither nicht mehr gesehen. Wenn er gefaßt würde, wäre ihm eine längere Gefängnisstrafe sicher – für alles, was er getan hatte.

Diese Beinahe-Tragödie machte Rays Glauben stärker als zuvor, denn er durfte die Realität dessen erleben, was Paulus an Timotheus schrieb: *„Gott hat uns nicht einen Geist der Furcht gegeben, sondern der Kraft und der Liebe und der Besonnenheit."*

Sieben Jahre sind seit diesem Erlebnis im Busch vergangen. Ray ist inzwischen aus Afrika, wo er Zeuge vieler Frucht seiner Mühe wurde, wieder in seine Heimat zurückgekehrt. Über 150 Gemeinden wurden in Kenia gegründet. Als Ray das Land verließ, war der Mann, der ihn mit dem Speer ermorden wollte, immer noch nicht nach Hause zurückgekommen. Bevor die Andersons endgültig von Kenia Abschied nahmen, brachten sie der Familie Kleidung und Eßwaren. Ihre Fürsorge wurde weit im Busch bekannt. Jetzt besteht dort eine starke Gemeinde. Wahrhaftig, es gibt noch größere Kraft!

Viele der Jugendlichen, die damals Jesus in ihr Leben aufnahmen, sind jetzt Pastoren in entlegenen Gebieten des Busches. Zwei Dinge aus Kenia bleiben Ray unverwischbar erhalten: zum einen die Narbe an seiner linken Seite, und zum anderen das, was unsichtbar damals in sein Herz eingeprägt worden war: Es gibt noch größere Kraft!

Furcht hat Pein

Einige Tatsachen im Zeugnis Rays betreffen jede Person, die von Furcht geplagt ist:
1. Als Ray von diesem Einheimischen angegriffen wurde, kam große Menschenfurcht über ihn.

Sie nahm so von ihm Besitz, wie er es noch nie in seinem Leben erfahren hatte.

Bist du auch von Menschenfurcht befallen? Du möchtest etwas von Jesus sagen, aber du fürchtest dich vor dem Spott und dem Widerstand der Leute? Du könntest von Gott im Heilungsdienst an kranken Leuten gebraucht werden, aber aus Furcht vor Versagen und der Meinung der anderen hältst du dich zurück? Du kannst Befreiung von dieser Menschenfurcht erfahren! Gott hat sie zugesagt. Es gibt so viele Verse in der Bibel, die dir diese Befreiung verheißen!

2. Eine andere Art Furcht, die Ray damals erfuhr, war die Angst vor vorzeitigem Tod. Die Verfolgunsjagd war für ihn ein Alptraum voll Qual. 1. Johannes 4,18 sagt: *„Die Furcht hat Pein."* Viele Gotteskinder spüren diese Pein in ihrer Angst vor Krebs, vor einem Herzinfarkt, vor irgendeiner gefährlichen Krankheit und mancherlei anderen Dingen. Doch durch die Vollmacht in Jesu Namen gibt es Freiheit von diesen Ängsten, die uns quälen.

3. Die Befreiung kam für Ray, als er dem Beispiel Davids folgte: *„Als ich den Herrn suchte, antwortete Er mir und errettete mich aus aller meiner Furcht"* (Psalm 34,5). Es ist keine Schwäche, Gott anzurufen, wie Ray es tat, als er keinerlei Hoffnung mehr für sein Leben sah. Ray schrie: „Hilf mir, Jesus!"

Es gibt keinen besseren Weg, die Furcht zu überwinden, als einfach den Namen des Herrn anzurufen: *„Der Name des Herrn ist eine feste Burg. Der Gerechte läuft dorthin und wird beschirmt"* (Sprüche 18,10). Angesichts seines Feindes schrie Ray nochmals: „Jesus! Jesus! Jesus! Jesus!" O, es hat etwas auf sich mit dem

Namen Jesus, etwas, das Dämonen vor Furcht erzittern läßt und unsere Furcht zum Weichen bringt. Name über alle Namen: Jesus!

Während ich dieses Buch schreibe, bin ich bereits 36 Jahre auf dem Weg mit dem Herrn Jesus. In dieser Zeit hatte ich viel Gelegenheit und Freude, Gottes Verheißungen des Beschützens in Anspruch zu nehmen. Ich habe 16 Verheißungen ausgesucht, die auch dir die Gewißheit des göttlichen Schutzes geben sollen:

1. 1. Mose 28,15: *„Und siehe, Ich bin mit dir und will dich behüten, wo du hinziehst."*
2. Psalm 4,9: *„Ich liege und schlafe ganz mit Frieden; denn allein Du, Herr, hilfst mir, daß ich sicher wohne."*
3. Sprüche 1,33: *„Wer aber Mir gehorcht, wird sicher wohnen und ohne Sorge sein und kein Unglück fürchten."*
4. Psalm 27,1: *„Der Herr ist mein Licht und mein Heil; vor wem sollte ich mich fürchten? Der Herr ist meines Lebens Kraft; vor wem sollte mir grauen?"*
5. 5. Mose 33,12: *„Der Geliebte des Herrn wird sicher wohnen, allezeit wird Er die Hand über ihm halten ..."*
6. Psalm 91,11: *„Denn Er hat Seinen Engeln befohlen, daß sie dich behüten auf allen deinen Wegen."*
7. Sprüche 18,10: *„Der Name des Herrn ist eine feste Burg; der Gerechte läuft dorthin und wird beschirmt."*
8. Psalm 91,2: *„Meine Zuversicht und meine Burg, mein Gott, auf den ich hoffe."*
9. 2. Timotheus 1,12: *„Denn ich weiß, an wen ich glaube, und bin gewiß, Er kann mir bewahren, was mir anvertraut ist, bis an jenen Tag."*

10. Psalm 138,7: *„Wenn ich mitten in der Angst wandle, so erquickst Du mich und reckst Deine Hand gegen den Zorn meiner Feinde und hilfst mir mit Deiner Rechten."*
11. 2. Mose 33,22: *„Wenn dann Meine Herrlichkeit vorübergeht, will Ich dich in die Felskluft stellen und Meine Hand über dir halten ..."*
12. Psalm 91,1: *„Wer unter dem Schirm des Höchsten sitzt und unter dem Schatten des Allmächtigen bleibt ..."*
13. 1. Petrus 3,13: *„Und wer ist's, der euch schaden könnte, wenn ihr dem Guten nacheifert?"*
14. Psalm 125,2: *„Wie um Jerusalem Berge sind, so ist der Herr um Sein Volk her von nun an bis in Ewigkeit."*
15. Psalm 34,8: *„Der Engel des Herrn lagert sich um die her, die Ihn fürchten und hilft ihnen heraus."*
16. Psalm 34,20: *„Der Gerechte muß viel leiden, aber aus alledem hilft ihm der Herr."*

Du kannst diesem Gott, der dich mit Kraft gürtet und deinen Weg ohne Anstoß macht (Psalm 18,33), vertrauen!

13. Kapitel

Unseren Stand gegen die Angst einnehmen

Ist es dir wirklich ein ernstes Anliegen, ein Leben frei von Furcht und im Segen zu führen? Dann möchte ich dir einen Weg zum Leben in der Fülle zeigen, der für mich durch die Jahre als Christ sehr viel Bedeutung gewonnen hat.

Als junger Mann von 18 Jahren war ich voll damit beschäftigt, Jesus kennenzulernen und ihn anderen bekanntzumachen. Und die Frage in meinem Herzen war: Wie könnte ich den Herrn noch besser verstehen und noch vertrauter mit Ihm werden? Wie könnte mein Leben Ihm wirklich etwas bedeuten und für Ihn zählen?

Gott beantwortete dieses Verlangen meines Herzens, indem Er mich mit einer Methode der Vertiefung der biblischen Wahrheiten vertraut machte, die mein Leben reich und meinen Dienst über all die Jahre sehr wirksam werden ließ. Es begann damit, daß ich einen Kurs am „Glad Tidings Bible Institute" besuchte, an dem während dieser Zeit das Thema „Persönliche Evangelisation" behandelt wurde. Eine Voraussetzung beim Besuch dieses Kurses war, daß man bereit war, jede Woche fünf neue Bibelverse auswendig zu lernen.

Ich entdeckte, daß mir diese Art, Gottes Wort zu lernen, gefiel. Gott gebrauchte diese Methode, um das Sehnen meines Herzens zu stillen und Ihn besser kennenzulernen.

ICH LERNTE IHN DURCH SEIN WORT KENNEN! Das Auswendiglernen von Hunderten von Bibelversen erwies sich als unschätzbare Erfahrung. Das Wort tat ein tiefes Werk in meinem Leben, und ich war fähig, diese Inspiration an andere weiterzugeben. Als ich begann, die frisch auswendig gelernten Verse anzuwenden, wurde ich durch Gottes Gnade bald ein wirkungsvoller Seelengewinner. Es ist die Weitergabe des Wortes Gottes im Zeugnisgeben und Predigen, das wirklich Frucht bringt.

Und dieses gleiche Wort Gottes läßt sich als Hauptwaffe gegen Furcht einsetzen, indem ich es auswendig lerne und es damit tief in mein Herz einpflanze. Du kannst dich selbst stärken, wappnen und ein geistliches Bollwerk gegen Entmutigung, Depression und Furcht aufrichten, wenn du die wichtigsten diesbezüglichen Bibelpassagen auswendig lernst. Das wird dir nicht nur Trost und Kraft geben, sondern du wirst auch fähig werden, anderen zu dienen, die in Furcht gefangen sind.

Am Ende dieses Kapitels habe ich 50 Schriftstellen gegen die Furcht angeführt. Versuche, sie nacheinander auswendig zu lernen. Sie werden dir zu einer geistlichen Kraft werden und dich inspirieren und motivieren.

Wie man die Verse auswendig lernt

Fünfzig Verse scheinen eine große Menge zu sein, wenn man sie auswendig lernen soll. Aber folge meinem einfachen Plan, dann wirst du es schaffen. Zunächst brauchst du 50 kleine Karten, etwa 5 mal 10 Zentimeter groß genügt. Auf jede Karte schreibst du auf der Vorderseite den Vers voll aus, während du auf der Rückseite nur die Stellenangabe anführst. Hier ein Beispiel:

Vorderseite:

„Fürchte dich nicht, Ich bin mit dir;
weiche nicht, denn Ich bin dein Gott.
Ich stärke dich, Ich helfe dir auch,
Ich halte dich durch die rechte Hand
Meiner Gerechtigkeit."

Rückseite:

Jesaja 41,10

Nun kann der Bibelstellen-Einpräge-Kurs beginnen. Du nimmst eine von den 50 Karten, die du beschriftet hast, und lernst Vorder- und Rückseite auswendig. Und dann prüfst du jeweils, ob du das Gelernte beherrschst:

Du legst die Vorderseite mit dem ausgeschriebenen Vers vor dich hin und sagst auswendig die Stelle an. Und dann umgekehrt: Du legst die Rückseite mit der Stellenangabe vor dich hin und sagst auswendig den dazu gehörenden Vers her.

Jeden Tag lernst du auf diese Weise einen Vers dazu und wiederholst die bereits gelernten. Wenn du vier oder fünf Verse auswendig kannst, dann prüfst du wieder: Wenn du alle Karten mit den Stellenangaben nach oben vor dir liegen hast, sollte es dir möglich sein, die zugehörigen Verse auswendig herzusagen. Und wenn du die Karten herumgedreht hast, müßtest du beim Anblick eines Verses sofort auswendig die Stellenangabe geben können.

Der Schlüssel bei diesem Einprägekurs liegt im Wiederholen. Noch etwas gilt es zu beachten: Auch wenn sich die Karten sammeln und mehr und mehr werden, solltest du trotzdem immer die bereits gelernten Verse wiederholen. Wenn du das tust, wirst du erleben, wie dein „Lager" an eingeprägten Versen ständig wächst.

Der Nutzen des Auswendiglernens

1. Du wirst mehr Gebetsantworten erhalten. Jesus sagt klar, daß unsere Gebete vor allem erhört werden, wenn das Wort in uns bleibt: *„Wenn ihr in Mir bleibt und Meine Worte in euch bleiben, werdet ihr bitten, was ihr wollt, und es wird euch widerfahren"* (Johannes 15,7).
2. Du wirst gesundheitlich gesegnet: *„Mein Sohn, merke auf Meine Rede und neige dein Ohr zu Meinen Worten. Laß sie dir nicht aus den Augen kommen; behalte sie in deinem Herzen, denn sie sind das Leben denen, die sie finden; und heilsam ihrem ganzen Leibe"* (Sprüche 4,20-22).
3. Du wirst befähigt, das Schwert des Geistes mit größerer Vollmacht zu gebrauchen. Der Grund, warum Satan dir weismachen möchte, daß du die Verse nicht behalten kannst, ist der, daß er weiß, daß du dann ein starker Gegner sein wirst, wenn du im Umgang mit dem Schwert des Geistes geschult bist. Wenn du das Wort in Herz, Verstand und Sinn hast, kann der Heilige Geist aus diesem Vorrat schöpfen und Satan bei jeder Wegbiegung in die Flucht schlagen. *„Und nehmt... das Schwert des Geistes, welches ist das Wort Gottes"* (Epheser 6,17).
4. Du wirst befähigt, Furcht, Depression und Niedergedrücktheit zu überwinden. Ich bitte alle, die mit mir im Dienst stehen, darum, Bibelverse auswendig zu lernen, dann bin ich sicher, daß keine düsteren Geister Platz finden, mit denen wir sonst zu kämpfen hätten. Wir wollen keine ängstlichen Heiligen sein, die sich nur noch so dahinschleppen und vielleicht noch das Werk Gottes hindern.

50 Bibelstellen, die gegen die Furcht helfen

1. 2. Timotheus 1,7: *„Denn Gott hat uns nicht den Geist der Furcht gegeben, sondern der Kraft und der Liebe und der Besonnenheit."*
2. Hebräer 13,6: *„So können auch wir getrost sagen: ‚Der Herr ist mein Helfer, ich will mich nicht fürchten; was kann mir ein Mensch tun?' "*
3. Jesaja 41,10: *„Fürchte dich nicht, Ich bin mit dir; weiche nicht, denn Ich bin dein Gott. Ich stärke dich, Ich helfe dir auch, Ich halte dich durch die rechte Hand Meiner Gerechtigkeit."*
4. Jesaja 43,1: *„Fürchte dich nicht, denn Ich habe dich erlöst; Ich habe dich bei deinem Namen gerufen; du bist mein."*
5. 1. Johannes 4,18: *„Die vollkommene Liebe treibt die Furcht aus; denn die Furcht rechnet mit Strafe. Wer sich aber fürchtet, der ist nicht vollkommen in der Liebe."*
6. Sprüche 29,25: *„Menschenfurcht bringt zu Fall. Wer sich aber auf den Herrn verläßt, wird beschützt."*
7. 5. Mose 31,6: *„Seid getrost und unverzagt, fürchtet euch nicht und laßt euch nicht vor ihnen grauen; denn der Herr, dein Gott, wird selber mit dir ziehen und wird die Hand nicht abtun und dich nicht verlassen."*
8. Psalm 27,3: *„Wenn sich auch ein Heer wider mich lagert, so fürchtet sich dennoch mein Herz nicht."*
9. Römer 8,15: *„Denn ihr habt nicht einen knechtischen Geist empfangen, daß ihr euch abermals fürchten müßtet; sondern ihr habt einen kindlichen Geist empfangen, durch den wir rufen: Abba, lieber Vater!"*
10. 2. Chronik 20,15: *„So spricht der Herr zu*

euch: Ihr sollt euch nicht fürchten und nicht verzagen vor diesem großen Heer; denn nicht ihr kämpft, sondern Gott."

11. Sprüche 1,33: *„Wer aber Mir gehorcht, wird sicher wohnen und ohne Sorge sein und kein Unglück fürchten."*
12. Sprüche 3,23-24: *„Dann wirst du sicher wandeln auf deinem Wege, so daß dein Fuß sich nicht stoßen wird. Legst du dich, so wirst du dich nicht fürchten, und liegst du, so wirst du süß schlafen."*
13. Psalm 34,5: *„Als ich den Herrn suchte, antwortete Er mir und errettete mich aus aller meiner Furcht."*
14. Psalm 23,4: *„Und ob ich schon wanderte im finstern Tal, fürchte ich kein Unglück; denn Du bist bei mir, dein Stecken und Stab trösten mich."*
15. Sprüche 3,25: *„Fürchte dich nicht vor plötzlichem Schrecken noch vor dem Verderben der Gottlosen, wenn es über sie kommt."*
16. Sprüche 10,24: *„Was der Gottlose fürchtet, das wird ihm begegnen; und was die Gerechten begehren, wird ihnen gegeben."*
17. 1. Mose 15,1: *„Daß zu Abram das Wort des Herrn kam in einer Offenbarung: Fürchte dich nicht, Abram! Ich bin dein Schild und dein sehr großer Lohn."*
18. 2. Mose 14,13: *„Da sprach Mose zum Volk: Fürchtet euch nicht, steht fest und seht zu, was für ein Heil der Herr heute an euch tun wird."*
19. 5. Mose 1,21: *„Sieh her, der Herr, dein Gott, hat dir das Land hingegeben; zieh hinauf und nimm's ein, wie der Herr, der Gott deiner Väter, dir zugesagt hat. Fürchte dich nicht und laß dir nicht grauen."*
20. 5. Mose 3,22: *„Fürchtet euch nicht vor ihnen;*

denn der Herr, euer Gott, streitet für euch."

21. 5. Mose 31,8: *„Der Herr aber, der selber vor euch hergeht, der wird mit dir sein und wird die Hand nicht abtun und dich nicht verlassen. Fürchte dich nicht und erschrick nicht."*
22. Josua 8,1: *„Und der Herr sprach zu Josua: Fürchte dich nicht und verzage nicht."*
23. Josua 10,25: *„Und Josua sprach zu ihnen: Fürchtet euch nicht und erschreckt nicht, seid getrost und unverzagt; denn ebenso wird der Herr allen euren Feinden tun, gegen die ihr kämpft."*
24. 2. Könige 6,16: *„Er sprach: Fürchte dich nicht, denn derer sind mehr, die bei uns sind, als derer, die bei ihnen sind."*
25. 2. Chronik 20,17: *„Aber nicht ihr werdet dabei kämpfen; tretet nur hin und steht und seht die Hilfe des Herrn, der mit euch ist, Juda und Jerusalem! Fürchtet euch nicht und verzagt nicht. Morgen zieht ihnen entgegen. Der Herr ist mit euch!"*
26. Psalm 56,4: *„Wenn ich mich fürchte, so hoffe ich auf Dich!"*
27. Psalm 56,5: *„Ich will Gottes Wort rühmen. Auf Gott will ich hoffen und mich nicht fürchten. Was können mir Menschen tun?"*
28. Jesaja 35,4: *„Sagt den verzagten Herzen: Seid getrost, fürchtet euch nicht. Seht, da ist euer Gott:"*
29. Jesaja 41,13: *„Denn Ich bin der Herr, dein Gott, der deine rechte Hand faßt und zu dir spricht: Fürchte dich nicht, Ich helfe dir!"*
30. Jeremia 46,27: *„Aber du, mein Knecht Jakob, fürchte dich nicht, und du, Israel, verzage nicht. Denn siehe, Ich will dir helfen aus fernen Landen und deinen Nachkommen aus dem Lande ihrer Gefangenschaft, daß Jakob zurückkommen soll und in Frieden sein und*

ohne Sorge, und niemand soll ihn schrekken."

31. Daniel 10,19: *„,Fürchte dich nicht, du von Gott Geliebter! Friede sei mit dir! Sei getrost!' Und als er mit mir redete, ermannte ich mich und sprach: ,Mein Herr, rede, denn Du hast mich gestärkt.'"*
32. Joel 2,21: *„Fürchte dich nicht, liebes Land, sondern sei fröhlich und getrost, denn der Herr kann auch Gewaltiges tun."*
33. Jesaja 44,8: *„Fürchtet euch nicht und erschreckt nicht! Hab ich dich's nicht schon lange hören lassen und es dir verkündigt? Ihr seid doch meine Zeugen! Ist auch ein Gott außer mir? Es ist kein Fels, ich weiß ja keinen."*
34. Matthäus 10,31: *„Darum fürchtet euch nicht. Ihr seid besser als viele Sperlinge."*
35. Lukas 12,32: *„Fürchte dich nicht, du kleine Herde. Denn es hat eurem Vater wohlgefallen, euch das Reich zu geben."*
36. Offenbarung 2,10: *„Fürchte dich nicht vor dem, was du leiden wirst! Siehe, der Teufel wird einige von euch ins Gefängnis werfen, damit ihr versucht werdet, und ihr werdet in Bedrängnis sein zehn Tage. Sei getreu bis an den Tod, so will Ich dir die Krone des Lebens geben."*
37. Philipper 1,14: *„Und die meisten Brüder in dem Herrn haben durch meine Gefangenschaft Zuversicht gewonnen und sind um so kühner geworden, das Wort zu reden ohne Scheu."*
38. Matthäus 8,26: *„Da sagte Er zu ihnen: ,Ihr Kleingläubigen, warum seid ihr so furchtsam?' Und stand auf und bedrohte den Wind und das Meer. Da wurde es ganz stille."*
39. Offenbarung 21,8: *„Die Feigen aber (Kon-*

kord.Übers. ‚die Verzagten'. engl. Übers. ‚die voll Furcht sind') und Ungläubigen und Frevler und Mörder und Unzüchtigen und Zauberer und Götzendiener und alle Lügner, deren Teil wird in dem Pfuhl sein, der mit Feuer und Schwefel brennt. Das ist der zweite Tod."

40. Jeremia 42,11: *„‚Ihr sollt euch nicht fürchten vor dem König von Babel, vor dem ihr euch fürchtet', spricht der Herr. ‚Ihr sollt euch vor ihm nicht fürchten, denn Ich will bei euch sein, daß Ich euch helfe und von seiner Hand errette.'"*
41. Psalm 91,5: *„... daß du nicht erschrecken mußt vor dem Grauen der Nacht, vor den Pfeilen, die des Tages fliegen."*
42. Psalm 112,7: *„Vor schlimmer Kunde fürchtet er sich nicht. Sein Herz hofft unverzagt auf den Herrn."*
43. 3. Mose 26,6: *„Ich will Frieden geben in eurem Lande, daß ihr schlaft und euch niemand aufschreckt. Ich will die wilden Tiere aus eurem Lande wegschaffen, und kein Schwert soll durch euer Land gehen."*
44. Lukas 12,4: *„Ich sage aber euch, meinen Freunden: Fürchtet euch nicht vor denen, die den Leib töten und danach nichts mehr tun können."*
45. Hiob 5,21: *„Er wird dich verbergen vor der Geißel der Zunge, daß du dich nicht fürchten mußt, wenn Verderben kommt."*
46. Matthäus 14,27: *„Aber sogleich redete Jesus mit ihnen und sprach: Seid getrost. Ich bin's. Fürchtet euch nicht."*
47. Markus 5,36: *„Jesus aber hörte mit an, was gesagt wurde, und sprach zu dem Vorsteher: Fürchte dich nicht, glaube nur!"*
48. Josua 1,9: *„Siehe, Ich habe dir geboten, daß*

du getrost und unverzagt seist. Laß dir nicht grauen und entsetze dich nicht, denn der Herr, dein Gott, ist mit dir in allem, was du tun wirst."

49. Jesaja 12,2: *„Siehe, Gott ist mein Heil, ich bin sicher und fürchte mich nicht; denn Gott, der Herr, ist meine Stärke und mein Psalm und ist mein Heil."*
50. Johannes 14,27: *„Den Frieden lasse ich euch, Meinen Frieden gebe ich euch. Nicht gebe ich euch, wie die Welt gibt. Euer Herz erschecke nicht und fürchte sich nicht."*

Amen.

14. Kapitel

Der Sieg über Angst und Sorge

Dieses kleine Buch über die Angst und deren Überwindung möchte ich nicht abschließen, ohne die aufrüttelnde Aussage Pastor Forrest E. Smith's festgehalten zu haben:

„Wir leben in den letzten Tagen. Auch wenn wir Pastoren es nie erwähnten, so würden es unzweifelhaft doch viele Gläubige auch so feststellen, weil die schreckliche Bedrückung des Feindes immer offenbarer wird und entsetzliche Taten der Sünde öffentlich vor unserer Nation geschehen und sogar unverhohlen gezeigt werden."

Der Kampf zwischen Geist und Fleisch hat eine solche Schärfe erreicht, daß selbst früher feststehende Christen ins Wanken kommen, nicht weiter wissen und in Gefahr stehen, verführt, betrogen und überwältigt zu werden.

Wie die Nationen einander feindlich gegenüberstehen und im Geheimen neue schreckliche Waffen entwickeln, um das Land zu sein, das die zerstörerischste Bombe oder die wirkungsvollste Chemikalie im Besitz hat, so arbeiten Legionen der Finsternis daran, starke geistliche Waffen gegen die Kinder Gottes zu entwickeln und einzusetzen. In diesen Kampf auf Leben und Tod hat der Teufel eine der demoralisierendsten Waffen aller Zeiten hineingebracht: DIE FURCHT!

Vor einigen Jahren hörte ich einen Freund sagen: „Ich weiß nicht, was mit mir los ist und was mir fehlt, aber ich fühle eine solche Angst in meinem Herzen!" Zu der Zeit dachte ich, daß der Heilige Geist sein Herz überführte und er Buße tun sollte. Nun weiß ich, daß meine Einschätzung falsch war. Mein Freund stand unter dem Angriff und der Bedrückung eines Geistes der Furcht.

Viele Leute sind heute durcheinander. Wir müssen deshalb wissen, daß ein großer Unterschied zwischen der Überführung des Heiligen Geistes und der Bedrängnis durch böse Geister besteht. Wenn uns der Heilige Geist überführt, wird die Herzensschwere wieder weichen, wenn wir über die vorschnellen Worte, gedankenlosen Taten und andere Sünden Buße getan haben, d. h. wenn wir sie bereut und den Herrn um Vergebung gebeten haben und neu Ihm gehorchen wollen. Dann kommt das Blut Jesu zur Geltung, und die Sünde wird hinweggetan. Gottes Wort sagt: *„Wenn wir aber unsere Sünden bekennen, so ist Er treu und gerecht, daß Er uns die Sünden vergibt und reinigt uns von aller Ungerechtigkeit"* (1. Johannes 1,9).

Ungeachtet dessen, daß wir nun wieder reingewaschen sind, mag der Feind erscheinen, um die alte Sache wieder auszugraben. Dabei versucht er, uns mit einem Geist der Furcht zu bedrängen, der sogar unsere Errettung in Frage stellt. Er mag auch kommen, um Zweifel an deiner Taufe im Heiligen Geist, an deiner Heilung usw. auszustreuen. So kann es sein, daß wir weiter für etwas um Vergebung bitten, für das uns schon längst Vergebung zuteil wurde.

In solch einem Fall ist klar ein Geist der Furcht am Werk und sollte als solcher erkannt werden. Es ist eine Bedrängung durch den Teufel. Er bringt damit Beschwernis auf den Menschen, führt in Verzweiflung hinein, die so weit gehen kann, daß derjenige sich selbst umbringt. Deshalb müssen wir schon den Anfängen wehren, wenn Mißtrauen, Zweifel an Gott, Seinem Wort und an der Echtheit der Erlösung auftauchen und die realen geistlichen Dinge in Frage gestellt werden. Wenn diese scharfe, beschuldigende Stimme auftaucht, die unser Gebet unter einer Decke des Unglaubens zu ersticken droht, dann müssen wir wissen, daß diese Stimme nicht von Gott stammt.

„Denn Gott hat uns nicht den Geist der Furcht gegeben, sondern der Kraft und der Liebe und der Besonnenheit."

Gott hat uns den Geist der Kraft gegeben!

Kraft wozu? *„Seht"*, sagt Jesus, *„Ich habe euch Macht gegeben ... über alle Gewalt des Feindes"* (Lukas 10,19). Aus Apostelgeschichte 1,8 entnehmen wir, daß wir Kraft empfangen, um Seine Zeugen sein zu können. 1. Johannes 4,4 sagt uns, daß der, der in uns ist, größer ist als der, der in der Welt ist. Eine Person, die gerettet ist, hat bereits den Teufel soweit überwunden, daß die Erlösung ihr Teil geworden ist. Wenn wir den Teufel an einer Front überwinden konnten, können wir ihn auch an anderen überwinden — durch den Geist der Kraft.

Gott sagte zu Josua: *„Niemand unter ihnen wird vor dir bestehen können!"* Gott ist derselbe, und wir haben heute in der Bibel zudem noch mehr Verheißungen und ein vielfältigeres Wort des Zeugnisses als Josua. Wenn Josua unter dem Gesetz schon stark und mutig sein konnte, wieviel mehr sollten wir es sein, die wir unter der Gnade stehen! Gott hat uns nicht den

Geist der Furcht gegeben, sondern der Kraft. Kraft, zu wirken, Kraft, Zeuge zu sein und Kraft, die Anschläge des Teufels zu überwinden.

Gott hat uns den Geist der Liebe gegeben

Liebe gehört nicht zu unseren natürlichen Eigenschaften. Sie ist aber eine Eigenschaft Gottes – *„Gott ist Liebe".* Galater 5,22 zeigt uns, daß Liebe eine Frucht des innewohnenden Geistes Christi ist. Liebe hat eine gewaltige Kraft und ist der Weg, auf dem wir die Furcht überwinden, denn vollkommene Liebe treibt die Furcht aus. Nicht, daß wir nicht mehr Gott zu fürchten brauchten, sondern daß wir uns nicht mehr vor dem Gericht über unsere Sünden ängstigen müssen, denn sie sind bereits gerichtet.

Liebe deckt alle Übertretungen zu. Sie bedeckt unsere Sünden mit dem Blut Jesu und wäscht sie völlig weg, so daß darüber keine Aufzeichnung mehr im Himmel geführt wird. Und dieselbe Liebe will uns helfen, geduldig mit unseren Lieben und Mitchristen zu sein.

Es macht uns dann nichts mehr aus, wenn ein untalentierter Heiliger beim Singen die falsche Tonlage erwischt hat. Wir drängen uns auch nicht nach vorn, um gesehen zu werden und im Rampenlicht zu stehen, denn Liebe sucht nicht das Ihre. Wir sind auch nicht stolz auf unsere Erfolge und Errungenschaften, denn Liebe bläht sich nicht auf. Gott hat uns nicht einen Geist der Furcht gegeben, sondern der Liebe!

Gott hat uns den Geist der Besonnenheit gegeben

Mit dem Geist der Besonnenheit erkennen wir die Taktiken des Teufels und messen jede

Vision und Offenbarung am Wort Gottes. Wir werden gewahr, daß die Fähigkeit, die auf der Kanzel nötig ist, durch das Wirken des Heiligen Geistes zustandekommen muß, und nicht im Abwickeln eines spektakulären Programms besteht, in dem der Mensch Mittelpunkt ist.

Paulus sagt in 2. Korinther 2,11: *„Denn uns ist wohl bewußt, was er (der Satan) im Sinn hat."* Wir sind uns darüber im klaren, daß wir es mit Mächtigen und Gewaltigen im Geistesbereich zu tun haben. Aber wie groß sie auch sein mögen: Einer ist stärker! Und wenn wir auch in Nöte kommen: Größer als der Helfer ist die Not ja nicht! Wie aussichtslos auch deine Lage zu sein scheint: Er hat immer einen Weg und eine Möglichkeit!

Wenn Satan versucht, dir diesen Geist der Furcht aufzuzwingen, dann stelle dich dagegen — im Namen Jesu. Verschwende keine Zeit, mit ihm zu argumentieren, denn Gott hat uns Vollmacht über solche Situationen gegeben. Er stellt uns ein perfektes Mittel gegen die Furcht zur Verfügung. Es ist der Geist der Kraft, der Liebe und der Besonnenheit.

Zusammenfassung

Als Letztes möchte ich dir zusammenfassend in Erinnerung rufen:

1. Furcht hat ihren Ursprung beim Teufel: *„Denn Gott hat uns nicht den Geist der Furcht gegeben, sondern der Kraft und der Liebe und der Besonnenheit."*
2. Furcht ist nicht eine Gemütsverfassung, sondern ein feindlicher Geist: *„Denn ihr habt nicht einen knechtischen Geist empfangen"* (Römer 8,15).

3. Furcht zermürbt und quält. *„Furcht hat Pein"* (1. Johannes 4,18). Ihre Opfer erfahren nicht nur seelische Nöte und geistliche Qualen, sondern auch körperliches Leid.
4. Furcht führt in die Irre, nämlich in die Fänge des Feindes. *„Die Angst des Menschen führt ihn in die Falle"* (Sprüche 29,25).
5. Furcht bringt oft das, was sie beinhaltet. Wer ständig Angst vor Krankheit hat, wird am Ende tatsächlich krank.
6. Furcht ist eine Belastung und ein Hindernis im Dienst für den Herrn. Sie raubt die Freude, hemmt das Gebetsleben und erschwert das Zeugnisgeben.
7. Furcht führt in Depression und Niederlage, verdunkelt den Tageslauf und kann sich fortschreitend so weiterentwickeln, daß schließlich sogar geistige Zerrüttung und Tod die Folge sind.

Laß deshalb der Furcht keinen Raum. Widerstehe ihr in Jesu Namen, unter der Deckung Seines Blutes und unter Berufung auf das Wort. *„Widerstehet dem Teufel, so flieht er von euch"* (Jakobus 4,7). So wird der Sieg dein! Preis dem Herrn!

Weitere empfehlenswerte Bücher:

PROBLEME? ES GIBT EINE LÖSUNG Malcolm Smith

Ein bekannter Prediger mit großer Karriere (man nannte ihn den „englischen Billy Graham") entdeckt, daß seinem Dienst der geistliche Tiefgang fehlt. Er hat wohl Erfolg zu verzeichnen, aber keine bleibende Frucht. An dieser Erkenntnis zerbricht er. Dies ist Gottes Gelegenheit, ihm durch den Heiligen Geist neu zu begegnen und ihn auszurüsten. Diese neue Gottesbegegnung löst seine eigenen Probleme und auch die seiner Gemeinde. Es gibt eine neue Belebung. Ein Buch, das jeder ernste Christ lesen sollte.

Art.-Nr. 20055 144 Seiten **DM 6,80**

DAS CHRISTLICHE EHEPAAR Larry & Nordis Christenson

Daß es in den Ehen unserer Zeit kriselt, ist kein Geheimnis. Unendlich viel Tinte ist in den letzten Jahren über diese Krise der Ehe und Familie vergossen worden. Um so begrüßenswerter ist es, daß mit diesem Buch ein erfahrener Eheseelsorger nicht nur auf die Nöte der Ehe hinweist, sondern tiefschürfenden Rat anbietet, wie es wieder anders werden kann. Das Buch ist voller praktischer Weisheit und tiefer Einsicht und fest auf die Bibel gegründet. Es kann allen Ehepaaren und Jugendlichen, die vor der Ehe stehen, eine große Hilfe sein und sollte unbedingt gelesen werden.

Art.-Nr. 20073 204 Seiten (Paperback) **DM 13,80**

OFFENBARUNG DES VERBORGENEN R. Douglas Wead

Ist es möglich, Informationen zu erhalten, die man durch die fünf menschlichen Sinne bzw. durch andere normale menschliche Möglichkeiten nicht bekommen kann? Wenn ja — wie ist es möglich? Durch übersinnliche menschliche Fähigkeiten? Durch dämonischen Einfluß und okkulte Praktiken? Durch Gott, der, wenn Er es nötig findet, dem Menschen Verborgenes offenbart, wie z. B. den Propheten im Alten Testament? Wenn Gott es heute noch tut, auf welche Weise tut Er es? Mit diesen und ähnlichen Fragen beschäftigt sich das Buch und zeigt dabei etwas von den Möglichkeiten der Gaben des Heiligen Geistes.

Art.-Nr. 20066 148 Seiten **DM 0,06**

SOLLTE GOTT KEINE WUNDER TUN? Träff/Petman

Immer wieder hören wir in der heutigen Zeit unter aufrichtigen Christen die Frage, ob Gott doch noch einmal eine gewaltige Erweckung schenken wird. Dieses Buch hier ist die Geschichte einer großen Erweckung in unserer Zeit, die ein ganzes Volk bewegte. Es ist die dramatische Lebensgeschichte des finnischen Evangelisten Niilo Yli-Vainio. Durch ihn brach in Finnland in den sechziger Jahren unseres Jahrhunderts eine gewaltige Erweckung aus, die noch andauert. Tausende fanden zu Christus, Wunder geschahen, Kranke wurden geheilt — und das alles heute!

Art.-Nr. 20090 142 Seiten (Paperback) **DM 10,80**

Preisänderungen vorbehalten